*Die Protokolle
der Weisen von Zion*

Die Protokolle der Weisen von Zion

Die Grundlage des modernen Antisemitismus – eine Fälschung Text und Kommentar

Herausgegeben von
Jeffrey L. Sammons

WALLSTEIN VERLAG

Bibliografische Information Der Deutschen Bibliothek

Die Deutsche Bibliothek verzeichnet diese Publikation in der Deutschen Nationalbibliografie; detaillierte bibliografische Daten sind im Internet über http://dnb.ddb.de abrufbar.

Zwölfte unveränderte Auflage 2021
© Wallstein Verlag, Göttingen 1998
www.wallstein-verlag.de
Vom Verlag gesetzt aus der Adobe Garamond
Umschlaggestaltung: Basta Werbeagentur, Alexandra Brenner
Druck und Verarbeitung: Hubert & Co, Göttingen

ISBN 978-3-89244-191-5

Inhalt

Einführung 7
Aus den Verhandlungs-Berichten der »Weisen von Zion« 27
Nachwort 115
Auszug aus dem Roman *Biarritz* von ›Sir John Retcliffe‹ 119
Abkürzungsverzeichnis 128

Einführung

Die im folgenden dokumentierte Fälschung, die unter verschiedenen Namen kursiert, im allgemeinen aber als *Die Protokolle der Weisen von Zion* bezeichnet wird, ist das weitverbreitetste, zählebigste Dokument des modernen internationalen Antisemitismus. Möglicherweise ist der Terminus »Fälschung« für den Fall nicht einmal passend. Denn »fälschen« heißt nach Duden, »in betrügerischer Absicht etw. Echtes möglichst originalgetreu nachbilden u. für echt ausgeben«; man fälscht ein Gemälde, eine Urkunde, einen Geldschein. Aber im Falle der *Protokolle* gibt es kein Original, kein Echtes, das nachgemacht worden ist; sie sind eine glatte *Erfindung*, eine *Fiktion*. Abgesehen von einigen halbverständlichen Anspielungen auf die französische bzw. russische Politik der Jahrhundertwende fehlt ihnen jeglicher Bezug zur Wirklichkeit.

Man könnte meinen, jeder halbwegs unvoreingenommene Leser würde das Phantastische, das Unseriöse des Textes auf den ersten Blick bemerken. Schlecht geschrieben, voller ermüdender Wiederholungen, ohne erkennbare folgerichtige Struktur, abgesehen von einer groben Folge von drei Themen – der Kritik am Liberalismus, der angeblichen Absicht des Judentums, die Weltherrschaft an sich zu reißen und der Beschreibung des utopischen Reichs unter einer absolutistischen jüdischen Monarchie –, verliert sich der Diskurs in zeitgeschichtlichen Gaukelbildern und volkswirtschaftlichen Maroten. Daß unser ganzes politisches und gesellschaftliches Leben keineswegs das sei, was wir zu erkennen und zu erfahren glauben, sondern als illusionäres Marionettenspiel von einer unsichtbaren, beinahe allmächtigen Verschwörung gegängelt werde, müßte von vornherein absurd anmuten und vom Typus her das vertraute Merkmal des überspannten Sektierers erkennen lassen. Wer etwas vom Judentum weiß oder genauere Erfahrung mit jüdischen Menschen hat, dem müßte das Bild des Judentums, das hier angeblich von jüdischer Seite gezeichnet wird, als wirklichkeitsfremd erscheinen. Die aufeinanderfolgenden, sich widersprechenden Erklärungen des Ursprungs und der Entdeckung der *Protokolle* in den Einleitungen der verschiedenen Editionen bzw. in einem Kommentar wie dem Alfred Rosenbergs* müßten weit hergeholt und unglaubhaft wirken. Daß all das nicht der Fall ist, daß die *Protokolle* stattdessen immer wieder nicht nur von den Einfältigen und geistig Benachteiligten, sondern auch und eigentlich in erster Linie von Gebildeten und Privilegierten ernstgenommen worden sind, bleibt eine schwerwiegende Tatsache, der es direkt ins Angesicht zu schauen gilt.

---

* Die vollständigen Literaturangaben finden sich im Abkürzungsverzeichnis auf S. 128

Selbstverständlich stehen die *Protokolle* in der jahrhundertelangen Tradition des Judenhasses, einer Abart der Furcht vor dem Anderen, die möglicherweise immer unter der Oberfläche der Gesellschaft lauert, deren besondere Virulenz sie aber aus einem schillernden Durcheinander von mal religiös motivierten, mal wirtschaftlich determinierten, mal machtpolitisch manipulierten Vorurteilen und Feindseligkeiten bezieht, wodurch die Tradition selber eine gewisse Selbständigkeit entwickeln kann, da sie auf Modelle, Beispiele und Vorgänge der Vergangenheit immer wieder zurückzugreifen vermag. In einem gewissen Sinne stellen die *Protokolle* aber eine besonders moderne Spielart des Antisemitismus dar, die sich bis in die zweite Hälfte des 19. Jahrhunderts zurückverfolgen läßt. Bisherige Forschungen haben versucht, einen Stammbaum des Textes zu konstruieren, der aber teilweise spekulativ und wohl durch mögliche weitere Forschungen anfechtbar bleibt. Unter diesem Vorbehalt skizziere ich im folgenden die vorläufigen Ergebnisse.

Erste Stufe:
›Sir John Retcliffe‹: Biarritz (1868)

Der 1868 erschienene Roman *Biarritz* von ›Sir John Retcliffe‹ enthält eine eingeschaltete Episode von etwa 40 Seiten, die sich auf dem berühmten jüdischen Friedhof in Prag abspielt, einem Schauplatz, der dem Autor vielleicht aus Wilhelm Raabes im Prager Judenviertel spielenden Erzählung *Hollunderblüthe* (1863) bekannt war, da die »Hollunderbüsche« auch bei ›Retcliffe‹ vorkommen.[1] Die Einwohner des schmutzigen, engen Stadtteils seien häßliche, schachernde Menschen, abgesehen von den »Mädchen mit der üppigen Busen- und Hüftenfülle, welche die Vermehrung des Volkes so sehr erleichtert« (145); hinter den armseligen Fassaden verberge sich der jüdische Reichtum. Auf dem Friedhof versammeln sich im Jahre 1860, wie alle hundert Jahre, unter der Führung eines »Stammeshalters« die Vertreter der zwölf Stämme Israels aus allen Hauptstädten der Welt, um das Geheimnis der »Cabalah« zu besprechen, nämlich den Plan, im Kampf auf Leben und Tod mit dem Christentum das ganze Gold der Welt in jüdische Hände zu bekommen. Der Reihe nach berichten sie von den Summen, über die die jüdischen Banken schon verfügen. Das neue Jahrhundert gehöre Israel: »unser ist die Zukunft« (167) – ein deutlicher Anklang an die Losung der frühsozialistischen Bewegung des Saint-Simonismus: »L'avenir est à nous«. Die Juden seien zwar eine Minderheit, aber: »Der Kopf

---

1 Sir John Retcliffe: Biarritz. Historisch-politischer Roman in acht Bänden. Berlin 1876 (ursprünglich 1868), S. 142. Ein Auszug aus diesem Roman findet sich in dieser Ausgabe auf den Seiten 119 bis 127, der Text folgt in Orthographie und Interpunktion der o. a. Ausgabe, Bd. 1, S. 172-184.

wird die Faust besiegen«, vor allem weil sie »eitel und habsüchtig, hochmüthig und genußsüchtig« seien (171). Dann werden Strategien besprochen: Getaufte Juden sollten sich mit Christen vermischen, um sie rassisch zu bastardieren; die Börsen sollen beherrscht, Kredite locker gemacht, der Adel in Schulden getrieben, große Güter zerteilt, Handwerker proletarisiert, Fabriken begünstigt, das freie Denken bestärkt, die Kirche vom Staat getrennt, der Besitz der Kirche konfisziert, das Militär entwaffnet, Revolutionen angefacht, der Handel kontrolliert und die Schuld an Warenknappheiten den Regierungen angelastet werden; den Juden soll Zugang zu allen öffentlichen Ämtern und Berufen verschafft, die Judenemanzipation gefördert, das Konkursverfahren erleichtert, Gesetze gegen Wucher abgeschafft, die Künste und Wissenschaften, wo es viel Ehre und keine Gefahr gibt, besetzt, Mischehen erlaubt – die jüdischen Frauen müßten rein bleiben, während die Männer ihr »verbotenes Gelüst lieber an den Weibern unserer Feinde« üben (181) –, die Presse dominiert und Kriege geführt werden. Kurz, mehr oder weniger das ganze Programm des zeitgenössischen Liberalismus wird mit Schreckbildern der radikalen Bosheit der Juden verklammert. Belauscht wird die geheime Versammlung von einem Deutschen von gelehrtem Aussehen, der »Doktor Faust« genannt wird, und einem konvertierten italienischen Juden mit wölfischen Zähnen, negerartigen Haaren und geierartigen Augen, dessen grausames Antlitz Spuren von Genußsucht zeigt.

Der Schöpfer dieser hoffnungslos trivialliterarischen Wahnvorstellung, ein ehemaliger Postbeamter, der mit bürgerlichem Namen Herrmann Goedsche (1815-1878) hieß, war eine recht merkwürdige Erscheinung im literarischen Leben Deutschlands in der zweiten Hälfte des neunzehnten Jahrhunderts.[2] Goedsche, Mitbegründer der *Kreuzzeitung* mit engen Verbindungen zum preußischen Hof, funktionierte den oppositionellen jungdeutschen Zeitroman im preußisch-monarchischen, altaristokratischen Interesse um und stellte dabei den jungdeutschen Typus ganz in den Schatten, indem er eine Reihe außerordentlich erfolgreicher Romane schrieb, die mit schamlosesten Sensationsmitteln genaueste Details zeitgenössischer weltpolitischer Ereignisse darzustellen vorgaben. Goedsche hat den Begriff ›Zeitroman‹ unbedingt wörtlich verstanden: Er versuchte Romane zu schreiben, die die unmittelbar gegenwärtigen Weltereignisse begleiten und erklären sollten. Natürlich konnte er den Ereignissen nicht immer folgen; manchmal ließ er seine mehrbändigen Romane von anderen weiterschreiben, während er bei aktuellen Anlässen blieb. Biarritz ist der Ort in Frankreich, der sowohl von Bismarck als auch von Napoleon III. regelmäßig besucht wurde, beide für Goedsche Helden des un-

---

2 Zu Goedsche vgl. VOLKER NEUHAUS: Der zeitgeschichtliche Sensationsroman in Deutschland 1855-1878. »Sir John Retcliffe« und seine Schule. Berlin 1980; RALF-PETER MÄRTIN. Wunschpotentiale. Geschichte und Gesellschaft im Abenteuerromanen von Retcliffe, Armand, May. Königstein / Ts. 1983, bes. S. 21-47. Zur Szene auf dem Judenfriedhof vgl. NEUHAUS, S. 110-118.

beugsam antidemokratischen Machtwillens. Goedsches vulgäre, boulevardjournalistische, manchmal sadistische und pornographische, oft von echten Konservativen als degoutant empfundene Sensationsromane markieren eine Evolution im reaktionären Stil von einem feinen, distanzierten Aristokratentum zu einer Allianz der herrschaftsstabilisierenden bzw. rückschrittlichen Mächte mit dem pöbelhaften Spießertum, eine Konstellation, die zweifellos zum historischen Vorfeld des Nationalsozialismus gehört.

Man könnte meinen, die absurde, im Grunde zynische Schauerromantik der Friedhofsszene würde den Leser höchstens belustigen, wenn nicht abstoßen. Aber erstaunlicherweise hat die aus dem Kontext des Romans herausgelöste Szene eine lange Geschichte als angeblich wahrer Bericht. Auf ein im Jahre 1870 in Rußland erschienenes Pamphlet folgte eine lange Reihe von Publikationen in verschiedenen Sprachen, wobei die einzelnen Punkte der verschiedenen Redner der Friedhofsszene in eine einzige Rede eines Rabbiners zusammengezogen wurden, die als Beweis der angeblichen jüdischen Weltverschwörung verbreitet wurde. Dabei avancierte Goedsches pseudonymer ›Retcliffe‹ zu einem historischen ›Readclif‹, der entweder als Oberrabbiner oder auch als tragischer Held des Antisemitismus dargestellt wurde. Von den siebziger Jahren des neunzehnten Jahrhunderts bis in die Zeit nach dem Ersten Weltkrieg wurden diese Texte immer wieder in Deutschland, Österreich, Böhmen, Rußland, Frankreich und England als Zeugnis gegen die Juden herangezogen (COHN, S. 45-50). Gleich nach Erscheinen der deutschen Version der *Protokolle* fielen die Ähnlichkeiten im Text von »Ein Rabbiner über die Gojim«, den ZUR BEEK in seiner Einleitung (S. 31-34) als Beleg mit abgedruckt hatte, mit Goedsches Erfindung auf; schon im Jahre 1920 sind die Parallelen aufgezeigt worden.[3] Wer aber an die Rede des Rabbiners glaubt, wird sich selbstverständlich von diesen offensichtlichen Abhängigkeiten nicht beirren lassen.

Goedsches Text offenbart zwei Kennzeichen, die für das Phänomen der *Protokolle* von besonderer Bedeutsamkeit sind. Erstens ist das Modell der *Protokolle* eine *Fiktion*, Bestandteil eines *Romans*. Zwar könnte die Bedeutung dieser Tatsache dadurch verunklart werden, daß Goedsche seine Romane als dokumentarische Literatur verstanden wissen wollte. Zweifellos war er durch seine Verbindungen zum preußischen Hof gut informiert; er war enorm belesen; und er hatte wenigstens oberflächliche Kenntnisse mehrerer Fremdsprachen, da sich in seinen Texten Brocken aus allen möglichen Sprachen finden, z. B.

---

[3] OTTO FRIEDRICH: Die Weisen von Zion. Das Buch der Fälschungen. Lübeck 1920. Siehe SEGEL, S. 139-141. FRIEDRICH machte schon auf andere Sottisen in der Einleitung ZUR BEEKS aufmerksam, z. B. seine Berufung auf das Zeugnis »Osman Beys«, eines Abenteurers englisch-französischer Abstammung namens Frederick Millingen, der schon damals als internationaler Hochstapler und Polizeispitzel notorisch war, sowie die Aufwärmung eines längst entlarvten Ritualmordmärchens des Jahres 1840 aus Damaskus (die Präzision dieser Angabe verdanke ich Dr. Michael Hagemeister).

in der Friedhofsszene mancher durchaus richtig verwandte, wohl den meisten Lesern nicht geläufige hebräische Ausdruck. Aber das im trivialsten Sinne Romanhafte der Szene müßte jedem geübten Leser auffallen. Nun stellt sich paradoxerweise heraus, daß die Fiktionalität des Textes, sowohl im Falle der Friedhofsszene wie auch der *Protokolle*, nicht eine Schwäche sondern eine Stärke des Phänomens ist. Denn eine Fiktion bleibt außerhalb der Kontrolle des logischen Diskurses. Es kann selbstverständlich nicht bewiesen werden, daß eine Fiktion nicht wahr ist. Folglich schwebt der Text in einem Niemandsland zwischen Phantasie und zugerechneter Wahrheit, läßt sich nie dingfest machen, und da er prinzipiell von der Überprüfung anhand der belegbaren Wahrheit befreit ist, erweist er eine textuelle Anpassungsfähigkeit an die jeweilige Tendenz, die jeder philologischen Kontrolle spottet. Da kann er jeden Beweis, daß er gefälscht ist, getrost überleben. In der Not gibt man nach und zuckt mit den Achseln: na, wenn schon; es stimme doch, da man schon wisse, wie die Juden seien. Es ist ein perfekter Zirkelschluß, er läßt sich mit vernünftigen Argumenten nicht durchbrechen.

Das zweite Kennzeichen ist die Erklärung der Weltereignisse durch die Wirkung kleiner aber außerordentlich mächtiger Verschwörergruppen. Darin war Goedsches Erfindungsgabe in seinen ›Retcliffe‹-Romanen unerschöpflich: mal sind es die Juden, mal die Jesuiten, mal die Freimaurer, mal die Sozialdemokraten, mal die Engländer, mal die Franzosen, stellenweise sogar die Dänen, die in wechselnden Kombinationen die Begebenheiten hinter den Kulissen lenken. Diese Vorstellung ist für die machterhaltende Politik von unschätzbarem Wert. Denn sie lenkt von jeder systemkritischen, etwa sozialpolitischen Erklärung der Mißstände, unter denen die Menschen ja immer leiden, ab; alles wäre bestens geordnet, wenn es die geheimen Bösewichte nicht gäbe. Die Vorstellung lebt wieder einmal vom Vorteil, anpassungsfähig und unpräzise zu sein; woran immer man im wirtschaftlichen, politischen, gesellschaftlichen, psychischen oder auch persönlichen Leben zu leiden hat, wird nicht der herrschenden Ordnung zur Last gelegt, sondern dem unsichtbaren Feind. Daß der Feind unsichtbar bleibt, daß man keine Spur von ihm kennt, daß man keine unmittelbare Erfahrung mit ihm gehabt hat, ist eben gerade der Beweis, wie schlau und mächtig er ist. Es gibt keine Möglichkeit, aus eigenem Antrieb dahinter zu kommen; nur der durch Zufall oder besonderen Scharfsinn Dahintergekommene kann uns Verblendeten die Augen öffnen. Der Mechanismus ist beliebig verwendbar; er erlaubt beispielsweise dem Nationalsozialismus zu erklären, wieso die Juden *sowohl* für den Kapitalismus *als auch* für den Kommunismus verantwortlich seien, die sich nur zum Schein bekämpfen; gleichzeitig erlaubt er dem Kommunismus zu erklären, daß die Leiden der Genossen nicht systemimmanent sind, sondern der radikalen Bosheit von Rechtsopportunisten, Linksabweichlern, Trotzkisten, Saboteuren, westlichen Agenten u. a. m. zuzuschreiben seien. Von diesem Mechanismus leben die *Protokolle* und ähnliche Schriften unentwegt weiter.

Zweite Stufe:
Maurice Joly: Dialogue aux Enfers
entre Machiavel et Montesquieu (1864)

Dieser Text ist zwar älter als Goedsches Roman, ist aber zu dem Komplex der *Protokolle* erst später hinzugekommen. Im Jahre 1921, nachdem die Echtheit der *Protokolle* in England ernsthaft erwogen worden war, erschien in der *Times* ein längerer Bericht ihres Korrespondenten in Konstantinopel, Philip Graves, der mitteilte, er habe von einem russischen Monarchisten ein Buch erstanden, das dieser seinerseits von einem ehemaligen Beamten des russischen Geheimdienstes Ochrana bekommen habe und das eine auffallende Ähnlichkeit mit den *Protokollen* aufweise.[4] Der Titel dieses Buches, so stellte sich heraus, war *Dialogue aux Enfers entre Machiavel et Montesquieu ou la politique de Machiavel aux XIXᵉ siècle, par un contemporain,* das ein liberaler Advokat, Maurice Joly (1829-1879), 1864 bzw. 1865 anonym in Brüssel hatte drucken lassen. Das Werk gehört zur ehrwürdigen Gattung des Totengesprächs, das von alters her zur satirischen Betrachtung zeitgenössischer Zustände diente. In Jolys Totengespräch vertritt Montesquieu die humanistischen und demokratischen Traditionen der Französischen Revolution, während der satanische Machiavelli die Prinzipien einer amoralischen, den nichtsahnenden Staatsbürger übertölpelnden Machtpolitik ausbreitet. Keinem damaligen Leser konnte es verborgen bleiben, daß das Werk eine Satire auf die Regierung Napoleons III. war.[5] Das Buch wurde von der französischen Grenzpolizei beschlagnahmt und der Autor zu einer fünfzehnmonatigen Gefängnisstrafe sowie einer Geldstrafe von 300 Francs verurteilt. Nach Jahren dreister Polemik ermüdete der liberale Kämpfer und beging Selbstmord.

Es dauerte nicht lange, bis die Abhängigkeit der *Protokolle* vom satirischen Werk Jolys weithin bekannt wurde. Mehr als 160 Parallelen lassen sich in allen »Sitzungen«, in den meisten Fällen in derselben Reihenfolge, ausmachen (ROLLIN, S. 227-265); ich gebe in den Anmerkungen einige charakteristische Beispiele. Etwa 40% des Textes der *Protokolle* lassen sich auf Joly zurückführen. Entsprechend hat man begonnen, statt von einer Fälschung von einem Plagiat zu reden. Das meiste, was dem jüdischen Vortragenden in den Mund gelegt wird, entstammt dem brutalen Amoralismus Machiavellis, ab und zu aber tauchen liberale Formulierungen Montesquieus auf, um den Liberalismus als

---

[4] Nähere Einzelheiten bei COLIN HOLMES: New Light on the »Protocols of Zion«. In: Patterns of Prejudice 11, Nr. 6, 1977, S. 13-21.

[5] Es ist gut möglich, daß das Werk dem alles verschlingenden Leser Goedsche, der von der Persönlichkeit Napoleons III. fasziniert war, bekannt wurde. Eine deutsche Übersetzung erschien 1865 in Leipzig: *Gespräche aus der Unterwelt zwischen Machiavelli und Montesquieu, oder die Politik Machiavelli's im XIXten Jahrhundert, von einem Zeitgenossen* (ROLLIN, S. 226, Anm. 1). Neuere Übersetzungen vgl. Abkürzungsverzeichnis, S. 128.

jüdische Machenschaft zu diskreditieren und ihn unentwirrbar mit den unmenschlichsten Absichten zu vermengen. Das resultierende Argument in den *Protokollen* wirkt weniger kohärent als im *Dialogue* Jolys; es ergibt sich der Eindruck einer hastigen Abschrift. Das Merkwürdigste an der Sache ist aber, daß der *Dialogue* Jolys absolut nichts mit Juden zu tun hat; es handelt sich um eine rein politische Schrift, die sich unentwegt mit dem Regierungsstil des französischen Kaiserreichs beschäftigt. Also sind die *Protokolle* ein Phantom, das aus einem vollkommen andersartigen Kontext, der mit einer angeblichen Weltverschwörung der Juden nicht den geringsten Berührungspunkt aufweist, herausgenommen und umfunktioniert wurde.

So beharrlich die Befürworter der *Protokolle* sich gegen eine vernünftige Beweisführung stemmen, liegt doch die Übereinstimmung der beiden Texte so sehr auf der Hand, daß sie sich nicht aus der Welt reden läßt. Somit verfiel man auf eine neue Erfindung, nämlich zu enthüllen, daß Maurice Joly nicht nur Beziehungen zu jüdischen Politikern Frankreichs wie Adolphe Crémieux gehabt habe, sondern selbst ein Jude namens Moïse Joël gewesen sei, eine Behauptung, die auch von ZUR BEEK[2] (S. 15-17) und ROSENBERG (S. 6) wiederholt wurde. Das ist schlicht unwahr; Joly stammte nachweislich von einer katholischen Familie ab (ROLLIN, S. 278-279). Aber die Behauptung ist auch sonst vollkommen gegenstandslos. Es wurde einmal bemerkt, daß, selbst wenn Joly so jüdisch wie Abraham wäre, es nichts daran ändern würde, daß sein *Dialogue* nicht das Geringste mit Juden zu tun habe und eine Satire auf das zweite Kaiserreich bleibe.[6] Die Versuche, die unstrittige Abhängigkeit der *Protokolle* vom *Dialogue* Jolys im Sinne der Echtheit des Textes zu erklären, gehören zum Exotischsten, was sich in dieser an Wunderlichem nicht armen Geschichte finden läßt.

Dritte Stufe:
Das verschwundene französische Original

Die dritte Stufe in der Entstehungsgeschichte der *Protokolle* soll ein französischer Grundtext sein, der leider nirgends erhalten ist, falls er nicht eines Tages in einem geheimen russischen Archiv auftaucht. Es ist also nur eine spekulative Konstruktion, daß ein solcher Text gleichsam die Ur-*Protokolle* bildete. Sogar die Befürworter der Echtheit der *Protokolle* akzeptieren ihn als Zwischenstufe, nur setzen sie ein zugrundeliegendes hebräisches Original voraus, wofür es aber nicht den geringsten Anhaltspunkt gibt. Wann und zu welchem Zweck der französische Text geschrieben worden sein soll, ist Gegenstand von intensiven

---

6 JOHN S. CURTISS: An Appraisal of the Protocols of Zion. New York 1942, S. 59.

und komplizierten Studien geworden, die hier nur im Ergebnis referiert werden können. Die bedeutsamste dieser Studien, auf der alle ernsthaften Arbeiten seither fußen, ist das Werk von HENRI ROLLIN, *L'Apocalypse de notre temps. Les dessous de la propagande allemande d'après des documents inédits.* Es gehört zu den Absurditäten dieses Themas, daß Rollin (1885-1955), Marine- und Nachrichtenoffizier, später Historiker, der sich besonders auf die moderne russische Politik spezialisierte, gleich am Anfang seines Werkes sich bemüßigt fühlt, zu attestieren, er sei weder Freimaurer noch Jude, sondern Katholik mit katholischen Vorfahren, soweit man sie zurückverfolgen könne.[7] Das Buch ist im September 1939 erschienen; weniger als ein Jahr später wurde es von der deutschen Besatzung in Paris beschlagnahmt und eingestampft. Erst 1991 ist eine neue Ausgabe erschienen; die Wirkung dieses Buches ist also bisher auf die gründlichsten und gewissenhaftesten Forscher beschränkt geblieben. Herausragend unter ihnen ist Norman Cohn, der zuerst im Jahre 1967 Rollins Ergebnisse zusammengefaßt und weitergeführt hat.[8]

Nach dieser Rekonstruktion liegt der Ursprung der *Protokolle*, obwohl möglicherweise zu einem gewissen Grad von der Atmosphäre der damals international diskutierten Dreyfus-Affäre gefärbt, doch wohl hauptsächlich in der russischen Politik im letzten Jahrzehnt des neunzehnten Jahrhunderts, die von den verworrensten Intrigen und Verschwörungen nur so strotzte. Der ursprüngliche Anlaß scheint in der Opposition reaktionärer Kreise gegen die Reformpolitik des russischen Finanzministers Sergej Witte zu liegen; die Darstellung von Modernisierungsbestrebungen als jüdisches und freimaurerisches Komplott sollte Zar Nikolaus II. gegen Witte aufhetzen. Nach dieser Hypothese soll die Umfunktionierung von Jolys *Dialogue* das Werk eines erbitterten Feindes von Witte, Elia de Cyon, gewesen sein. Denn die Papiere Cyons kamen 1897 durch einen Einbruch in die Hände einer äußerst zwielichtigen Figur, des Oberhaupts des russischen Geheimdienstes in Paris, Pjotr Ratschkowski. Ob Ratschkowski, wie vielfach angenommen wird, der tatsächliche Autor der *Protokolle* in der endgültigen Fassung gewesen ist, kann nach heutigem Kenntnisstand nicht nachgewiesen werden; von ROLLIN (S. 586) wird ihm »la paternité directe ou indirecte« der *Protokolle* zugeschrieben. In diesem Fall war er es, der die *Protokolle* durch Mittelsmänner bzw. -frauen nach Rußland befördern ließ. Diese Rekonstruktion, durch interne Anhaltspunkte unterstützt, ergibt als Entstehungsjahr des ursprünglichen Grundtextes 1897 oder 1898.

---

7   ROLLIN, S. 3. Auch FRIEDRICH, a. a. O., S. 2, fand es angebracht zu betonen, »daß ich weder Jude, noch Philosemit bin, noch handele ich gar im Auftrage der Juden«. Ähnlicherweise attestieren die Mitarbeiter von CURTISS, a. a. O., S. VI, er stamme von »old Yankee stock« ab.
8   Eine knappe, aber genaue Übersicht über die Forschungsergebnisse findet sich bei STEFAN ROHRBACHER und MICHAEL SCHMIDT: Judenbilder. Kulturgeschichte antijüdischer Mythen und antisemitischer Vorurteile. Reinbek bei Hamburg 1991, S. 202-217.

Vierte Stufe:
Die russische Veröffentlichung

In weniger genauen Angaben über die *Protokolle* liest man oft, sie seien eine Fälschung des russischen Geheimdienstes oder der mit ihm liierten Terrororganisation der ›Schwarzen Hundertschaften‹. Daß die Ursprünge komplizierter sind, haben wir schon gesehen. Wahr aber ist, daß die *Protokolle* in der Form, in der sie der Welt bekannt werden sollten, zuerst in Rußland veröffentlicht wurden. Die ersten Auszüge erschienen 1903 in der Zeitschrift *Znamja* (*Das Banner*), herausgegeben von Pawolatschi Kruschewan, einem üblen Antisemiten, der schon im selben Jahr ein Pogrom in Kischinev angefacht hatte. Es folgte eine Reihe von Drucken. Aber der, der für die Welt bedeutsam wurde, erschien im Buch eines religiösen Schwärmers namens Sergej Nilus, *Velikoe v malom* (*Das Große im Kleinen*), 2. Ausgabe 1905, das 1911 unter einem neuen Titel, *Bliz grjaduščij Antichrist* (*Der bald herannahende Antichrist*) neu gedruckt wurde. Ursprünglicher Adressat scheint Zar Nikolaus II. gewesen zu sein, der zunächst von den *Protokollen* beeindruckt war, ihre Verbreitung später aber, nachdem eine Ermittlung die Unechtheit des Textes erwiesen hatte, verbot. Der Text ist offensichtlich umgearbeitet worden, um Anspielungen auf die aktuelle Politik des Jahres 1905 aufzunehmen (SEGEL, S. 208-219). Man hat die Geistesgesundheit von Nilus manchmal bezweifelt; es ist nicht ganz klar, ob er aus eigener Initiative oder als Werkzeug anderer Intriganten wirkte.[9] Sogar er selbst hat die Möglichkeit, die *Protokolle* seien unecht, eingeräumt, in der unerschütterlichen Überzeugung, sie seien auch in diesem Fall ein Werkzeug Gottes gegen die Juden (COHN, S. 118).

Wie der Text tatsächlich in die Hände von Nilus gekommen ist, darüber gibt es verschiedene Ansichten. Übereinstimmend heißt es von den russischen Versionen, sie seien auf der Grundlage einer Kopie angefertigt worden, was zu dem Bonmot geführt hat, die *Protokolle* seien ein Werk ohne Originalausgabe.

---

9 Über Nilus kursieren verschiedene Vorstellungen; erst in neuester Zeit sind zuverlässige Angaben über ihn erschienen, nach denen er niemals Mönch gewesen ist, noch jemals ein geistliches Amt bekleidet hat, sondern ein von religiösen Wahnvorstellungen Besessener war, der versuchte, den Zaren und den Hof von seinen apokalyptischen Vorstellungen zu überzeugen. Siehe MICHAEL HAGEMEISTER: Wer war Sergej Nilus? Versuch einer bio-bibliographischen Skizze. In: Ostkirchliche Studien 40, 1991, S. 49-63; Die »Protokolle der Weisen von Zion«. Einige Bemerkungen zur Herkunft und zur aktuellen Rezeption. In: Russland und Europa. Historische und kulturelle Aspekte eines Jahrhundertproblems, hrsg. von Michael Wegner, Claus Remer sowie Erhard Hexelschneider. Leipzig 1995, S. 195-206; Sergej Nilus und die »Protokolle der Weisen von Zion«. Überlegungen zur Forschungslage. In: Jahrbuch für Antisemitismusforschung, hrsg. von Wolfgang Benz. Band 5. Frankfurt am Main und New York 1996, S. 127-147. HAGEMEISTER berichtet, daß Nilus neuerdings zu einer Kultfigur in Rußland geworden ist (Die »Protokolle der Weisen von Zion«, S. 200-201).

Der Historiker Walter Laqueur bemerkte:

> Es waren so viele widerstrebende und einander widerstreitende Interessen am Werke – antisemitische Polizeigenerale, intrigierende Großfürstinnen, Spitzel und Betrüger, die versuchten, ein paar Rubel einzustecken, von religiösem Wahn Besessene, reaktionäre Politiker und gewöhnliche Gauner –, daß es ebenso schwierig ist, den wirklichen Ursprung der Protokolle nach so langer Zeit ausfindig zu machen, wie eine Stecknadel in einem Heuhaufen zu finden.[10]

Aber auch über den fiktiven Ursprung der *Protokolle* als angebliche Stellungnahme des internationalen Judentums gibt es verschiedene, sich widersprechende Versionen. Ursprünglich seien sie heimlich aus einem jüdischen bzw. freimaurerischen Zentrum in Frankreich entwendet worden. Nilus, der zunächst behauptet hatte, die *Protokolle* seien 1902-1903 vorgetragen worden, kanonisierte endlich 1917 eine Version, die weite Verbreitung fand: Der Text sei von Theodor Herzl vor dem ersten Zionistischen Kongreß 1897 in Basel vorgetragen worden. Die Unmöglichkeit dieser Vorstellung liegt auf der Hand. Der Zionistische Kongreß dauerte fünf Tage, vom 29. August bis zum 2. September. Er war eine öffentliche Veranstaltung, die Beobachter aus aller Welt anzog. Es ist unter diesen Umständen ausgeschlossen, daß der Vortrag der *Protokolle*, der ungefähr vier Stunden gedauert hätte, auch vor einer ausgewählten Zuhörerschaft hätte geheim gehalten werden können. Sprache des Kongresses war selbstverständlich nicht französisch, sondern deutsch. Der Zionismus war kein Programm der Weltherrschaft, sondern fast dessen Gegenteil: ein Gemenge von Plänen, die Juden aus der übrigen Welt zu holen und sie in einer eigenen Heimat zu versammeln. Darüber hinaus war der Zionismus keineswegs das Programm des »Weltjudentums«. Die Mehrzahl der westeuropäischen, namentlich der deutschsprachigen Juden standen dem Zionismus gleichgültig, wenn nicht sogar ablehnend gegenüber; das treibende Moment bildeten die unterdrückten und gehetzten Juden Osteuropas, nicht zufällig auch des Entstehungsgebiets der *Protokolle*.[11]

Also gestaltete sich eine alternative Version, die von einer russisch-amerikanischen Frau Schischmarew, die antisemitische und faschistische Schriften unter dem Namen Lesley Fry schrieb, propagiert wurde: Verfasser der *Protokolle* sei der ukrainische Jude Ascher Ginsberg (1856-1927), der unter dem Namen Achad Ha'am (Einer aus dem Volke) bekannt wurde; er habe den Text auf Hebräisch verfaßt, ihn in Odessa 1890 vorgetragen, dann in französischer Übersetzung an die (übrigens in Wirklichkeit beharrlich antizionistische)

---

10 WALTER LAQUEUR: Deutschland und Russland. Berlin 1965, S. 116.
11 Siehe dazu MICHAEL HAGEMEISTER: Die »Protokolle der Weisen von Zion« und der Basler Zionistenkongress von 1897. In: Der Traum von Israel. Voraussetzungen und Anfänge des Zionismus, hrsg. von Heiko Haumann. Weinheim 1998, S. 250-273.

Alliance Israélite Universelle in Paris schicken lassen, von wo aus sie an den Basler Kongreß gelangten (ROLLIN, S. 219-220; COHN, S. 88-89). Diese Version ist noch unwahrscheinlicher als die erste. Achad Ha'am, ein milder, ziemlich weltfremder Denker, vertrat einen Zionismus auf kultureller und geistiger Grundlage, vor allem durch die Pflege der hebräischen Sprache. Er war ein energischer Gegner des politischen Zionismus Herzls und wollte mit dem Basler Kongreß nichts zu tun haben. Es ist eine etwas langwierige Sache, solche Vorgänge auch verkürzt wiederaufzuwärmen; es bleibt aber notwendig, wieder und wieder darauf aufmerksam zu machen, wie Unsinn immer neuen Unsinn erzeugt, als ob man das ptolemäische Weltbild gegen die astronomische Wissenschaft aufrechterhalten wollte.

Zwei Aspekte der von Nilus verbreiteten Entstehungsversion verdienen besondere Aufmerksamkeit. Der erste ist die Verbindung der *Protokolle* mit der Erwartung des prophezeiten Antichrists. Diese Art Apokalyptik, die Nilus besonders am Herzen lag, hat eine lange Geschichte und wird mit großer Wahrscheinlichkeit vor der nahenden Jahrtausendwende erneut zum Vorschein kommen.[12] Der apokalyptische Affekt verwandelt die Not und das Unglück der Menschen in eine gezielte Hysterie, die vor allem die Angstkomponente des Antisemitismus um ein Vielfaches intensiviert. Denn wenn die jüdische Verschwörung als Trägerin des kosmischen Kampfes des Bösen schlechthin gegen die göttliche Ordnung verstanden werden kann, dann stellt sie eine unmittelbare Bedrohung von ungeheurem Ausmaß dar. Daß die monströse Stärke einer anscheinend verschwindend kleinen Minderheit von meist armen bis mittelmäßig situierten Menschen kaum sichtbar wird, beweist in den Augen der ›Gläubigen‹ nur wieder einmal, wie raffiniert und furchtbar die Juden in Wirklichkeit sind und wie verzweifelt und erbarmungslos gegen sie anzukämpfen ist. Das apokalyptische Moment dient dazu, die Angstzustände der Menschen gegen die Juden zu richten, wobei die völlig imaginären Juden dieser Wahnvorstellungen in der Praxis mit wirklichen Juden verwechselt werden.

Der zweite Aspekt ist die verstärkte Verkettung des Judentums mit dem Freimaurertum. Die uns geläufig gewordene Einbeziehung des Freimaurertums in das antisemitische Bild der jüdischen Verschwörung läßt sich von der Opposition gegen die Ideen der Französischen Revolution herleiten,[13] wurde aber im slawischen Gebiet besonders virulent. Hier haben wir es selbstver-

---

12 Siehe BERNARD McGINN: Antichrist. Two Thousand Years of the Human Fascination with Evil. San Francisco 1994.
13 JACOB KATZ: Jews and Freemasons in Europe 1723-1939. Cambridge (USA) 1970, S. 152, 172; JOHANNES ROGALLA VON BIEBERSTEIN: Die These von der Verschwörung 1776-1945. Philosophen, Freimaurer, Juden, Liberale und Sozialisten als Verschwörer gegen die Sozialordnung. Bern und Frankfurt am Main, 1976, S. 193. Siehe auch KATZ: Echte und imaginäre Beziehungen zwischen Freimaurerei und Judentum. In: Geheime Gesellschaften, hrsg. von Peter Christian Ludz. Heidelberg 1979, S. 51-62.

ständlich wieder einmal mit einer Legende zu tun. Das Freimaurertum war keine revolutionäre Verschwörung; es war eine Vereinigung des Bildungs- und Besitzbürgertums und des liberaleren Adels; im großen und ganzen hat es eher zum staats- und gesellschaftserhaltenden, liberalen bis konservativen Standpunkt tendiert. Wahr ist, daß viele sich assimilierende, bürgerliche Juden den Drang fühlten, sich dem Freimaurertum anzuschließen. In einigen Ländern ist ihnen das zu einem gewissen Grad gelungen, aber gerade in Deutschland nur in sehr beschränktem Maße, da sich dort die meisten Logen lange gegen die Aufforderung, Juden aufzunehmen, sperrten und viele sich als explizit christlich verstanden wissen wollten.[14]

Das Freimaurertum, das weder in Goedsches Friedhofsszene noch bei Joly vorkommt, spielt eigentlich im Text der *Protokolle* keine besonders große Rolle. Wer genauer hinsieht, wird merken, daß das Thema von den Zwischentiteln forciert wird, in denen wiederholt die Rede von den »Logen« ist, die im Textkorpus nicht oder nur beiläufig angesprochen werden. Im Text erscheinen die Freimaurer eher als nützliche Idioten, die von den Juden manipuliert werden; jüdische Logen seien geheim und unsichtbar. Die Zwischentitel sind Übertragungen der Randnotizen im russischen Text von Nilus. Ob sie zum französischen Original gehörten, ist nicht ermittelt; es hat aber den Anschein, daß die Einbeziehung des Freimaurertums in den Komplex der Weltverschwörung durch die russische Redaktion verstärkt werden sollte.

Fünfte Stufe:
Weltweite Verbreitung

Die verschiedenen Publikationen der russischen *Protokolle* im Jahrzehnt vor dem Ersten Weltkrieg blieben zunächst ohne große Wirkung. Erst nach dem mehrfachen Schock der bolschewistischen Revolution und der Niederlage Deutschlands und Österreich-Ungarns im Ersten Weltkrieg wurden sie plötzlich aktuell. Auffallend ist zudem, daß als besondere Zielscheibe der angeblichen jüdischen Machenschaften die legitime Monarchie hervorgehoben wird; sogar von der »Selbstherrschaft«, d. h. der des russischen Zaren, ist die Rede. Antithetisch gesehen bedeutet die Entlarvung der jüdischen Verschwörung eine Verteidigung des Monarchismus. Das bezeugt wiederum den Ursprung der *Protokolle* aus reaktionären Kreisen, scheint aber für demagogische Zwecke relativ unerheblich zu sein; was geht das Volk die Erhaltung der Monarchien an? Die hier abgedruckte deutsche Version wurde »den Fürsten Europas ge-

---

14 Siehe BRUNO PETERS: Die Geschichte der Freimaurerei im Deutschen Reich 1870-1933. Berlin o. J., Kapitel 8; vgl. auch HELMUT NEUBERGER: Freimaurer und Nationalsozialismus. Hamburg 1980.

widmet«. Auch verträgt sich der Monarchismus der Aktion ziemlich schlecht mit dem Faschismus; in dieser Hinsicht erscheint dieser Aspekt weniger reaktionär als weltfremd, aber Folgerichtigkeit ist hier einmal mehr nicht gefragt. Zweifellos wichtiger bleibt die Absicht, mit der Veröffentlichung der *Protokolle* den Antisemitismus zu einer Waffe gegen den Bolschewismus zu schmieden, ein anachronistisches Anliegen, das offensichtlich dem ursprünglichen Text aufgestülpt wurde. Die explosionsartige Verbreitung der *Protokolle* ab etwa 1919 war folgerichtig das Werk russischer Gegner der Revolution von 1917. Dazu bemerkt Laqueur:

> Um 1923 bestand bereits ein internationales Netz von Förderern und Erforschern der Protokolle [...]. Die Arbeit der Antisemitischen Internationale lief übrigens sehr viel reibungsloser als die der erdichteten Weisen von Zion.[15]

Eine von einer Kopie des russischen Originals im British Museum übersetzte englische Version erschien im Januar 1920 mit dem Titel: *The Jewish Peril*.[16] Die Idee der jüdischen Verschwörung wurde energisch von der aristokratischen *Morning Post* propagiert und sogar von der *Times* ernstgenommen, bis, wie wir schon gesehen haben, die Mitteilung des *Times*-Korrespondenten Graves das Plagiat aus Jolys Buch nachwies. In Amerika erschien von Mai bis Oktober 1920 eine englische Version der *Protokolle* in einer Zeitung Henry Fords, dem *Dearborn Independent*, in einer Auflage von 300 000 Exemplaren. Später im Jahr erschienen die *Protokolle* als Buch mit dem Titel *The International Jew: The World's Foremost Problem*, von dem eine halbe Million Exemplare abgesetzt wurden und das ins Deutsche, Russische und Spanische übersetzt wurde.[17] Das war besonders für Deutschland verhängnisvoll, wo Ford wohl als der berühmteste und bewundertste Amerikaner überhaupt galt; Hitler trug sich mit der Hoffnung, Ford würde Präsident der Vereinigten Staaten werden.[18] 1927 ist Ford zu der Überzeugung gelangt, die *Protokolle* seien unecht, und er leugnete – wohl etwas heuchlerisch – jede Verantwortung für die Publikationen, die er seinen Mitarbeitern anlastete, aber dieser Widerruf kam zu spät und blieb wirkungslos. In Frankreich erschienen drei verschiedene Übersetzungen; die am weitesten verbreitete stammte von einem betagten und mit päpstlichen Ehren überschütteten Geistlichen, Monseigneur Jouin, der sein Leben der antisemitischen Agitation widmete und ganze Bände mit Ver-

---

15 LAQUEUR, a. a. O., S. 119.
16 Über die Übersetzung und Überlieferung der englischen Version s. HOLMES, a. a. O.
17 Erweitert und korrigiert wird die Darlegung dieser Episode bei COHN, S. 206-210, von LEO R. RIBUFFO: Henry Ford and *The International Jew*. In: American Jewish History 69 (1979-1980), S. 437-477.
18 Zum Ansehen Fords in Deutschland s. Peter Berg: Deutschland und Amerika 1918-1929. Über das Amerikabild der zwanziger Jahre. Lübeck u. Hamburg 1963, S. 99-107.

gleichsstudien der verschiedenen Versionen der *Protokolle* füllte; Louis-Ferdinand Céline beglaubigte sie 1937 in seinen paranoiden *Bagatelles pour un massacre*. In den Jahren nach dem Ersten Weltkrieg erschienen polnische, rumänische, ungarische, italienische, schwedische und lettische Übersetzungen. Dies war nur der Anfang einer Verbreitung in fast alle Kultursprachen der Welt. In Italien wurde der Übersetzer der *Protokolle*, Giovanni Preziosi, unter Mussolini Staatsminister; in Ungarn Lászlo Endre, der die Authentizität der *Protokolle* in einem Buch verteidigt hatte, unter der deutschen Besatzung Staatssekretär und Mitarbeiter von Adolf Eichmann. Die Verschwörung wurde von Land zu Land anders aufgefaßt: in England als eine deutsch-jüdische, in den Vereinigten Staaten als eine britische, in Frankreich als eine britisch-amerikanisch-deutsche. In Japan, wo Juden vollkommen unbekannt waren, wurde die jüdisch-freimaurerische Verschwörung für eine Bedrohung aus China verantwortlich gemacht, die einen Angriff notwendig machte.

Von besonderer Wichtigkeit wurde die deutsche Version, weil sie zur unmittelbaren Vorgeschichte des Nationalsozialismus gehört. Vermittler in diesem Fall wurde der im deutschen Exil lebende ukrainische Offizier und Kämpfer gegen die russische Revolution Fjodor Winberg, der den Text in Deutschland einführte und Kontakt mit einem Deutschen namens Ludwig Müller aufnahm. Als engagierter Antisemit hatte dieser schon unter dem Namen Müller von Hausen eine der damals grassierenden Schmähschriften gegen Heinrich Heine verfaßt. Mit dem Datum 1919 gab er 1920 die hier abgedruckte Version unter dem Titel *Die Geheimnisse der Weisen von Zion* und dem Pseudonym ›Gottfried zur Beek‹ heraus; Verleger war der von Müller gegründete Verband gegen Überhebung des Judentums. Bis Ende 1920 waren sechs Auflagen erschienen, bis 1933 33. Preußische Adlige und sogar der exilierte Kaiser Wilhelm II. sollen das Buch persönlich weitergereicht haben.[19] 1929 verschaffte sich die NSDAP die Rechte an dem Buch. Eine weniger aufwendige Ausgabe erreichte 1938 22 Auflagen. Schon 1920 erschien eine konkurrierende, gleichfalls erfolgreiche Version eines notorischen Antisemiten, THEODOR FRITSCH, unter dem Titel *Die Zionistischen Protokolle. Das Programm der internationalen Geheimregierung*. Bis 1933 hatte sie bereits zwölf Auflagen erreicht. Obwohl nicht unmittelbar aus dem russischen sondern aus dem englischen Text übersetzt, ist die Version von FRITSCH in verschiedener Hinsicht sorgfältiger bearbeitet worden und kann zum philologischen Vergleich herangezogen werden. 1923 wurden die *Protokolle* durch einen Kommentar von

---

19 So bei BENJAMIN W. SEGEL: The Protocols of the Elders of Zion. The Greatest Lie in History. New York 1934, S. 13-14. In dem früheren Werk, SEGEL, S. 168, wird stattdessen die freundliche Haltung Wilhelms II. dem Zionismus gegenüber betont; die Schuld an der Verbreitung der *Protokolle* wird General Ludendorff zugeschrieben. Über die Rolle der Hohenzollern habe ich keine sicheren Quellen finden können.

ALFRED ROSENBERG, *Die Protokolle der Weisen von Zion und die jüdische Weltpolitik*, von der NS-Ideologie gleichsam sanktioniert. Bis 1933 erreichte dieses Werk eine vierte Auflage mit insgesamt 25 000 Exemplaren.

Es darf allerdings nicht übersehen werden, daß die *Protokolle* fast von der ersten Stunde an bezweifelt, bekämpft und entlarvt worden sind. Das beginnt gleich in Rußland. Es waren die Ergebnisse einer Untersuchung des Innenministeriums, die den Zaren von der Unechtheit der *Protokolle* überzeugten; schon vor dem Ersten Weltkrieg sind die *Protokolle* in amtlichen russischen Kreisen also bereits als eine Fälschung entlarvt worden und wurden deshalb unterdrückt. Später erschienen – allerdings im Exil – kritische Werke von Jurij Delewski (1923) und Wladimir Burzew (1938). In London wurde schon 1920 *The Jewish Bogey* von Lucien Wolf publiziert und im folgenden Jahr Graves' Beweis des Joly-Plagiats in der *Times*. Im selben Jahr erschien in New York die erste Ausgabe des wohl wichtigsten Vorgängers von ROLLIN und COHN, Herman Bernsteins *The History of a Lie*, dem 1935 eine ausführlichere Untersuchung, *The Truth about the Protocols of Zion*, folgte. 1927, wie wir gesehen haben, hatte sich sogar Henry Ford eines Besseren besonnen. Im Jahre 1942 kam ein sorgfältig erforschter, von einem Ausschuß amerikanischer Historiker unterstützter Überblick über die Geschichte der *Protokolle* heraus.[20] In französischer Sprache erschien 1921 eine Analyse des belgischen Jesuiten Pierre Charles, die er 1938 in Frankreich in der *Nouvelle revue théologique* und dann als Buch mit dem Titel *Les Protocoles des Sages de Sion* wiederabdrucken ließ. Schon 1920 erschien die oben erwähnte Kritik von Otto Friedrich,[21] 1924 die erste Ausgabe von SEGEL, mit dem sich übrigens Thomas Mann solidarisch erklärte.[22] Ein Schweizer, Johann Baptist Rusch, der 1921 die *Protokolle* herausgegeben und verteidigt hatte, änderte seine Meinung und gab 1933 eine Schrift mit dem Titel *Protokolle der Weisen von Zion – die grösste Fälschung des Jahrhunderts!* heraus. Schon 1927 hatte der Schweizer Schriftsteller Carl Albert Loosli mit seinem Buch *Die schlimmen Juden* die *Protokolle* als Fälschung entlarvt.

---

20 CURTISS, a. a. O.
21 A. a. O. (Anm. 3).
22 Mann an Segel, d. 5. November 1926: »Ich habe in der Legende der Weisen von Zion nie etwas anderes sehen können als eine phantastische Ausgeburt manikalischen Judenhasses [...]. Ihr Buch zeigt mir, welch ein Aufwand von wissenschaftlicher Energie und Akribie sich immerhin empfahl, als es galt, dieser Legende endgültig den Garaus zu machen. Ich sehe das mit einem gewissen Erstaunen. Aber die Hauptsache ist, daß es nun wohl endgültig jedem Menschen von gesunder Vernunft und intellektueller Reinlichkeit unmöglich gemacht ist, mit dieser Absurdität in irgendeiner Weise sich noch gemein zu machen«. THOMAS MANN: Essays. Band 3. Ein Appell an die Vernunft 1926-1933, hrsg. von Hermann Kurzke und Stephan Stachorski. Frankfurt am Main 1994, S. 45. Segel ließ den Brief in verschiedenen Zeitungen abdrucken (S. 376).

Gerade in der Schweiz kam es in den dreißiger Jahren zu einer unmittelbaren Konfrontation, die internationale Aufmerksamkeit erregte.[23] Im Juni 1933 erstatteten die Israelitische Kultusgemeinde Bern und der Schweizerische Israelitische Gemeindebund in einer Reihe von Abwehraktionen gegen den Antisemitismus Strafanzeige gegen die *Protokolle* als Verstoß gegen das bernische Schundgesetz. Dies sollte eine Möglichkeit schaffen, die Echtheit der *Protokolle* gerichtlich zu prüfen. Der gesamte juristische Vorgang lief vom Herbst 1934 bis zum Frühling 1935. Als Aufklärungsaktion wurde er ein Erfolg. Die Abhängigkeit des Textes von Goedsches *Biarritz* und Jolys *Dialogue* wurde einwandfrei dargelegt; die Unmöglichkeit des Vortrags vor dem Basler Zionistenkongreß konnte von Zeugen aus Basel nachgewiesen werden; die Haltlosigkeit der impliziten Inkriminierung des Zionismus bzw. des Freimaurertums wurde bloßgestellt. Russische Historiker und Kenner der Kreise um Ratschkowski und Nilus brachten zum ersten Mal in der Öffentlichkeit einiges Licht in den wahrscheinlichen Vorgang der Fälschung innerhalb des Kontexts der politischen Intrigen der Jahrhundertwende. Die ›Experten‹ der Verteidigung, ein schweizerischer politischer Antisemit und ein prominenter antisemitischer Journalist aus dem Reich, versagten kläglich in ihrem Versuch, alte Märchen wie die Verfasserschaft Achad Ha'ams aufzuwärmen und den Prozeß in ein Forum für antisemitische Hetze zu verwandeln. Dafür war ein schweizerisches Gericht, gerade damals, denkbar ungeeignet. Das Urteil vom 14. Mai 1935 erkannte die *Protokolle* als Plagiat und wahrscheinliche Fälschung an und erklärte deren Verbreitung als Verstoß gegen das bernische Schundliteraturgesetz. Es wurden einige Geldstrafen verhängt, aber viel beeindruckender war das richterliche Urteil:

> Ich hoffe, es werde eine Zeit kommen, in der kein Mensch mehr begreifen wird, wieso sich im Jahre 1935 beinahe ein Dutzend sonst ganz gescheiter und vernünftiger Leute vierzehn Tage lang vor einem bernischen Gericht über die Echtheit oder Unechtheit dieser sogenannten »Protokolle« die Köpfe zerbrechen konnten, die bei allem Schaden, den sie bereits gestiftet haben und noch stiften mögen, doch nichts anderes sind als ein lächerlicher Unsinn.[24]

---

23 Zum folgenden s. URS LÜTHI: Der Mythos von der Weltverschwörung. Die Hetze der Schweizer Frontisten gegen Juden und Freimaurer – am Beispiel des Berner Prozesses um die »Protokolle der Weisen von Zion«. Basel u. Frankfurt am Main 1992. Auch in Südafrika wurde im Sommer 1934 gegen die *Protokolle* prozessiert; s. COHN, S. 278-280.

24 LÜTHI, a. a. O., S. 67. Das verhinderte selbstverständlich nicht, daß der ›Experte‹ aus dem Reich seine Aussagen drucken ließ: ULRICH FLEISCHHAUER: Die echten Protokolle der Weisen von Zion. Sachverständigengutachten, erstattet im Auftrag des Richteramtes V in Bern. Erfurt 1935.

Das war an sich ein wichtiger Durchbruch. Leider stand das Urteil in verschiedener Hinsicht auf schwachen Füßen. Nicht alle in der schweizerischen Gesellschaft waren darüber erfreut. Manche, namentlich in der Bundesregierung, wollten das NS-Regime in Deutschland möglichst nicht brüskieren. Auch manche Juden scheuten die öffentliche Auseinandersetzung. Das Fragwürdigste war aber, daß ›Schundliteratur‹ eigentlich nicht die richtige Kategorie für die *Protokolle* war. Hauptsächlich aus diesem Grunde, auch im Namen der politischen Pressefreiheit, wurde das Urteil am 1. November 1937 in der Revision vor dem Berner Obergericht aufgehoben. Dieses auch in einigen Punkten anfechtbare Urteil wollte keineswegs die *Protokolle* rehabilitieren. Indem der Oberrichter bedauerte, daß die Juden keine strafrechtliche Handhabe gegen Schriften dieser Art hätten, bezeichnete er die *Protokolle* als

> perfid, weil sie nicht so sehr den jüdischen Glauben oder das Verhalten einzelner Juden zum Gegenstand nehmen, wie die Rasse als solche. Wer um seines Glaubens, seiner Überzeugung, seines Verhaltens willen angegriffen wird, kann sich durch Argumente wehren, wer aber Jude ist, der wird durch den Vorhalt mundtot gemacht, er gehöre einer minderwertigen Menschenrasse an.[25]

Diese Nuance wurde selbstverständlich von den jubelnden Nationalsozialisten geflissentlich übersehen, während die, die hofften, der Prozeß würde die *Protokolle* ein für allemal ad absurdum führen, enttäuscht waren. Die *Protokolle* zirkulierten weiterhin in der Schweiz.

Inwieweit die *Protokolle* nicht nur zeitgeschichtliches Symptom waren, sondern in einem ursächlichen Verhältnis zur Judenvernichtung standen, läßt sich nicht mit Sicherheit beurteilen. Zweifellos aber wurden sie eingesetzt, um den militanten Antisemitismus zu artikulieren und zu verschärfen. Schon bei FRITSCH heißt es:

> Eines aber ergibt sich als unabweisbare Forderung aus diesen ›Protokollen‹: *Das Judentum darf nicht länger unter uns geduldet werden!* Es ist eine Ehrenpflicht der gesitteten Nationen, dieses räudige Geschlecht auszuscheiden, da es schon durch seine Anwesenheit alles verpestet, die Völker geistig und seelisch krank macht, gleichsam die geistige Luft vergiftet, in der wir atmen [...]. Mit der Ausscheidung des Judentums würde mit einem Schlage ein Großteil der Übel verschwinden, an denen die Kulturvölker heute kranken. Die ›Protokolle‹ enthalten ja die umfänglichsten Geständnisse, wie alle die Zeitnöte durch die dämonischen Machenschaften der Volks- und Staatsverwüster künstlich genährt und gezüchtet wurden.[26]

---

25 LÜTHI, a. a. O., S. 77.
26 FRITSCH, S. 76-77.

Hitler bekannte sich zu den *Protokollen*, ganz gleich ob sie echt seien oder nicht:

> Wie sehr das ganze Dasein dieses Volkes auf einer fortlaufenden Lüge beruht, wird in unvergleichlicher Art in den von den Juden so unendlich gehaßten ›Protokollen der Weisen von Zion‹ gezeigt. Sie sollen auf einer Fälschung beruhen, stöhnt immer wieder die »Frankfurter Zeitung« in die Welt hinaus: der beste Beweis dafür, daß sie echt sind. Was viele Juden unbewußt tun mögen, ist hier bewußt klargelegt. Darauf aber kommt es an. Es ist ganz gleich, aus wessen Judenkopf diese Enthüllungen stammen, maßgebend aber ist, daß sie mit geradezu grauenerregender Sicherheit das Wesen und die Tätigkeit des Judenvolkes aufdecken und in ihren inneren Zusammenhängen sowie den letzten Schlußzielen darlegen. Die beste Kritik an ihnen jedoch bildet die Wirklichkeit. Wer die geschichtliche Entwicklung der letzten hundert Jahre von den Gesichtspunkten dieses Buches aus überprüft, dem wird auch das Geschrei der jüdischen Presse sofort verständlich werden. Denn wenn dieses Buch erst einmal Gemeingut eines Volkes geworden sein wird, darf die jüdische Gefahr auch schon als gebrochen gelten.[27]

Der erste gegnerische Biograph Hitlers hat die Darstellung mit einem Kapitel über die *Protokolle* eröffnet.[28]

In welch erheblichem Maße die *Protokolle* zur Erzeugung der nationalsozialistischen Pogromstimmung eingesetzt wurden, erhellt sich u. a. aus den in Nachkriegsgefangenschaft verfaßten Aufzeichnungen von Dieter Wisliceny, einem SS-Hauptsturmführer aus der Umgebung Eichmanns:

> Der Antisemitismus bildete eine der Hauptgrundlagen des NS-Parteiprogramms. Er resultierte im wesentlichen aus zwei Anschauungen: 1. den pseudowissenschaftlichen biologischen Festellungen von Professor Günther[29] und 2. aus einer mystisch-religiösen Vorstellung, daß die Welt von guten und bösen Kräften gelenkt würde. Das böse Prinzip stellten nach dieser Ansicht die Juden dar, deren Hilfsorganisationen die Kirche (Jesuitenorden), Freimaurerei und Bolschewismus waren. Die Literatur dieser Richtung ist bekannt, das ältere Schrifttum der NSDAP wimmelt von dieser

---

27 ADOLF HITLER: Mein Kampf. 176-177. Auflage. München 1936. S. 337.
28 KONRAD HEIDEN: Der Fuehrer. Hitler's Rise to Power. Boston 1944, S. 1-18. Siehe auch COHN, S. 228-246. Allerdings spekulierte Eichmann nach dem Krieg, sogar Hitler sei eine Marionette der Weisen von Zion gewesen (COHN, S. 266).
29 Hans F. K. Günther (geb. 1891), dem die NS-Regierung Thüringens 1930 an der Universität Jena gegen den erbitterten Widerstand der Fakultät eine Professur für Rassenforschung verschaffte. Unter seinen Schriften: Rassenkunde des deutschen Volkes. München 1926; Rasse und Stil. München 1926; Rassenkunde des jüdischen Volkes. München 1930.

Vorstellungswelt. *Von den »Protokollen der Weisen von Zion« bis zu Rosenbergs »Mythos« führt eine gerade Linie.* [...] Dieser Vorstellungswelt ist mit logischen oder Vernunftgründen absolut nicht beizukommen, sie ist eine Art Religiosität, die zur Sektenbildung drängt. Millionen von Menschen haben unter dem Einfluß dieser Literatur an diese Dinge geglaubt, ein Vorgang, der nur mit ähnlichen Erscheinungen des Mittelalters verglichen werden kann, etwa dem Hexenwahn. Gegenüber dieser Welt des Bösen stellten die Rassenmystiker die Welt des Guten, des Lichtes, verkörpert im blonden, blauäugigen Menschen, von dem allein alle kulturschöpferische, staatenbildende Kraft ausgehen sollte. Diese beiden Welten lagen nun angeblich im ständigen Kampf und der Krieg von 1939, den Hitler begonnen hat, stellte nur die endgültige Auseinandersetzung zwischen diesen Kräften dar.[30]

Aus dieser Sicht erscheint die Bezeichnung der *Protokolle* als »Bevollmächtigung zum Völkermord«, die COHN im ursprünglichen Titel seines Werkes, *Warrant for Genocide*, formulierte, als zutreffend. Schon 1922 hatten die *Protokolle* dazu beigetragen, die Ermordung Walther Rathenaus zu motivieren, der als einer der angeblichen Weisen von Zion identifiziert worden war (ZUR BEEK, S. 198-199).

Aktuelle Verbreitung und Rezeption

Nach dem Zweiten Weltkriege verblaßte die Anziehungskraft der *Protokolle*. Die lange Tradition der Entlarvung als Fälschung und der Rekonstruktion ihrer Ursprünge kulminierte in der ursprünglich 1967 erschienenen Arbeit von COHN, die zum Standardwerk geworden ist. In keiner Regierung der westlichen Welt spielen die *Protokolle* und die Anschauungen ihrer Befürworter irgend eine Rolle; sie gehören zum Programm keiner der seriösen Parteien. Das müßte an sich selbstverständlich sein, bedeutet aber gegenüber der Vorkriegssituation eine wirkliche Umwandlung. Heutzutage gibt es sehr viele Menschen – sicher die große Mehrheit –, die mit dem Begriff der *Protokolle* gar nichts verbinden.

Verschwunden sind die *Protokolle* jedoch nicht. Sie sind, in verschiedenen Sprachen, immer noch erhältlich, immer noch im Umlauf. Nach dem zweiten Weltkrieg erschienen sie in Australien, Neuseeland, Kanada, der Türkei, Griechenland, Deutschland, Schweden und den Vereinigten Staaten.[31] In den

---

30 LEON POLIAKOV und JOSEF WULF: Das Dritte Reich und die Juden. Dokumente und Aufsätze. Berlin-Grunewald 1955, S. 91-92. Sperrdruck im Original.
31 J. M. MACHOVER: Les Protocoles des Sages de Sion. In: Machover, Hrsg.: Dix ans après la chute de Hitler. Paris 1957, S. 195 Anm.

USA sind sie in den fünfziger Jahren unter verschiedener, regelmäßig sich als »christlich« identifizierender Schirmherrschaft erschienen, manchmal in verschiedenen Preislagen; in England überlebten die Befürworter der *Protokolle* den Krieg und ließen sie weiter vertreiben. In der Sowjetunion, wo seit langem die »antizionistische« Karikatur sich kaum von den schlimmsten Zerrbildern des *Stürmers* unterschieden hatte,[32] erzeugten sie in den siebziger Jahren Warnungen vor einer jüdisch-freimaurerischen Verschwörung unter der Führung von Solschenizyn, Sacharow und Amnesty International; nach dem Zusammenbruch der Sowjetunion propagierte der antisemitisch-radikalnationalistische Verein Pamjat u. a. die Vorstellung aus den *Protokollen*, die Juden würden die Untergrundbahn verwenden, um Regierungsgebäude in die Luft zu sprengen. Im November 1992 wurde ein Kongreß zu Ehren von Nilus in Petersburg mit einem Grußwort des Metropoliten abgehalten, wobei Vorstellungen von der Verschwörung der Juden und Freimauer wiederbelebt wurden.[33] In den islamischen Ländern sind sie seit den zwanziger Jahren in neun verschiedenen arabischen Übersetzungen in unzähligen Ausgaben verbreitet worden und sind immer wieder von führenden Politikern Ägyptens, Saudi-Arabiens, Libyens und des Irak empfohlen worden.[34] Auch in englischer Sprache werden sie vom Iran aus verbreitet. Heute gibt es im Internet Tausende von Stellen, wo die *Protokolle* verbreitet bzw. kommentiert werden.

Aus dieser Perspektive darf der folgende Text nicht als etwas Antiquarisches angesehen werden. Er ist immer noch aktuell, wenn auch wohl zur Zeit weniger virulent als in der Vergangenheit. Einen Grund, sich diesem Machwerk so ausführlich zuzuwenden, sehe ich allerdings heute vorrangig in der Aufklärung über die Denkmuster und Argumentationsstruktur einer antisemitisch verwendeten Verschwörungstheorie.

---

32 Siehe WILLIAM KOREY: The Soviet »Protocols of the Elders of Zion«; YAACOV TSIGELMAN: »The Universal Jewish Conspiracy« in Soviet Anti-Semitic Propaganda. In: Anti-Semitism in the Soviet Union. Its Roots and Consequences, hrsg. von Theodore Freedman. New York 1984, S. 151-159, 394-421.
33 HAGEMEISTER: Die »Protokolle der Weisen von Zion«, a. a. O., S. 204-205.
34 BERNARD LEWIS: Semites and Anti-Semites. An Inquiry into Conflict and Prejudice. New York und London 1986, bes. S. 199-200, 208-211; NORMAN A. STILLMAN: Antisemitism in the Contemporary Arab World. In: Antisemitism in the Contemporary World, hrsg. von Michael Curtis. Boulder und London 1986, S. 75-76; RIVKA YADLIN: Arab Antisemitism in Peacetime: The Egyptian Case, ebd. S. 91-94.

Aus den
Verhandlungs-Berichten der »Weisen von Zion«
auf dem 1. Zionisten-Kongresse,
der 1897 in Basel abgehalten wurde

Erste Sitzung

Die Grundgedanken unseres Bundes habe ich sowohl im Allgemeinen wie im Einzelnen zusammen gefaßt, ohne mich auf wissenschaftliche Betrachtungen einzulassen. Ich schildere unsere Lehre und unser System so, wie es nach unserer und nach der nichtjüdischen[1] Auffassung erscheint.

Ich stelle fest, daß die Menschen mit bösen Trieben zahlreicher sind als die mit guten Eigenschaften, daß diese in der Staatsverwaltung weit mehr durch Gewalt und Rücksichtslosigkeit erreichen, als durch wissenschaftliche Erörterungen. Jeder Mensch strebt nach Macht, jeder Einzelne will Herr seiner Entschlüsse und Taten sein, jeder möchte sich zum »Selbstherrscher« (Diktator) machen, wenn er nur könnte. Dieses Streben nach Macht ist so stark, daß es kaum einen Menschen gibt, der nicht bereit wäre, das Allgemeinwohl zu opfern, um den eigenen Vorteil durchzusetzen.

Das Recht liegt in der Macht

Welche Naturtriebe beherrschen die Raubtiere, die sich vom Blute der Menschen nähren? Was ist ihr Tun und Wollen allzeit gewesen? Als die menschliche Gesellschaft entstand, rissen die Raubtiere in Menschengestalt die rohe und blinde Gewalt an sich. Hieraus ziehe ich den Schluß, daß die *Gewalt* allein maßgebend ist, sei sie auch noch so verschleiert und bemäntelt. Somit folgt: das Grundgesetz des Daseins beruht völlig auf dem Gedanken: »Das Recht gründet sich auf Gewalt, auf Stärke.«

Die Freiheit — ein Gedanke. — Der Freisinn

Die staatsrechtliche Freiheit ist ein Gedanke, ein Begriff, aber keine Tatsache[2]. Dieser Gedanke ändert sich sofort, sobald es darauf ankommt, die Volkskräfte zu unterdrücken und zu erwürgen, sobald es gilt, daß die nach der Herrschaft strebende Partei die Gegenrichtung nieder zu zwingen sucht. Diese Aufgabe

---

1 In RUSSISCH und FRITSCH heißen die »Nichtjuden« *Goyim*.
2 Zu Z. 6 bis 23 vgl. JOLY, S. 20:
»L'instinct mauvais chez l'homme est plus puissant que le bon [...] la crainte et la force ont sur lui plus d'empire que la raison [...]. Les hommes aspirent tous à la domination, et il n'en est point qui ne fût oppresseur, s'il le pouvait; tous ou presque tous sont prêts à sacrifier les droits d'autrui à leur intérêts.
Qui contient entre eux ces animaux dévorants qu'on appelle les hommes? A l'origine des sociétés, c'est la force brutale et sans frein; plus tard, c'est la loi, c'est-à-dire encore la force, réglée par des formes [...] partout la force apparaît avant le droit.
La liberté politique n'est qu'une idée relative«.
(LEISEGANG, S. 6; ENZENSBERGER, S. 15: »Der schlechte Instinkt ist beim Menschen mächtiger als der gute. [...] Die Furcht und die Macht haben über ihn mehr Gewalt

wird wesentlich leichter, wenn der Gegner selbst von dem falschen Begriffe »Freiheit« angesteckt wird und sich wegen dieser unrichtigen Vorstellung seiner Macht begibt. Hierauf gründet sich der Sieg unserer Lehre: Wenn die Zügel am Boden schleifen und die Führung fehlt, so hört die gewonnene Zügellosigkeit bald wieder auf; denn eine neue Hand erfaßt die Zügel und zieht sie an. Die blinde Masse des Volkes kann nicht ohne Herrschaft sein. Eine neue Herrschaft tritt an die Stelle der alten, die durch den Freisinn[3] ihrer Kraft beraubt wurde.

Das Gold. — Der Gottesglaube. — Die Selbstverwaltung.

In unserer Zeit, wo die echt Freisinnigen die Beherrscher des Staates sind, ist allein die Macht des Goldes maßgebend. Es gab eine Zeit, da herrschte der Gottesglaube. Der Begriff der Freiheit war noch wesenlos; Niemand verstand es, sie zu seinen Zwecken auszunutzen. Kein Volk kann auch nur eine kurze Zeit bestehen, wenn es sich nicht eine *vernünftige* Selbstregierung schafft, ohne die es in Zügellosigkeit versinkt. Von diesem Augenblick an treten die inneren Zwistigkeiten hervor, die sehr bald in Wirtschaftskämpfe ausarten, in deren Verlaufe die Regierenden stürzen, und nach und nach die Pöbelherrschaft ans Ruder kommt.

Die Herrschaft des Geldes.

Befindet sich eine Regierung unter dem Einfluß innerer Umwälzungen, oder sieht sie sich infolge der ungeordneten Zustände im eigenen Lande den äußeren Feinden bei jeder Gelegenheit preis gegeben, so muß sie unbestritten dem Untergange geweiht sein: dann ist sie in *unserer* Gewalt. Die Herrschaft des Geldes, über das *wir* ganz allein verfügen, reicht ihr einen Strohhalm hin, an welchem sich die Regierung wohl oder übel anklammern muß, will sie nicht rettungslos in den Abgrund versinken.[4]

---

    als die Vernunft. Die Menschen streben alle nach der Herrschaft, und es gibt unter ihnen keinen, der nicht ein Unterdrücker wäre, wenn er es sein könnte. Alle, oder fast alle, sind dazu bereit, die Rechte ihrer Mitmenschen ihren eigenen Interessen zu opfern. Was hält diese reißenden Tiere, die man Menschen nennt, zusammen? Bei der Entstehung der Gesellschaftsordnungen ist es die brutale und ungezügelte Gewalt, später ist es das Gesetz, also wieder die Gewalt, nur geregelt durch gewisse Formen [...] überall erscheint die Gewalt vor dem Recht.
    Die politische Freiheit ist ein Ideal, das nur einen relativen Wert hat.«)
3 Im süddeutschen und Schweizer Raum ist »Freisinn« als Bezeichnung für »Liberalismus« üblich, nicht mit wirtschaftlich-nationaler Bedeutung sondern im Sinne der *Liberté* der Französischen Revolution im Gegensatz zum Absolutismus: AXEL GÖRLITZ, Hrsg., Handlexikon zur Politikwissenschaft. München 1970, S. 208. RUSSISCH *liberalizm*, ENGLISCH *liberalism*, ZUR BEEK[2] und FRITSCH »Liberalismus«.
4 Zu Z. 19-26 vgl. *Biarritz*-Auszug, S. 121, Z. 16-29.

Der innere Feind.

Denjenigen, der vom freisinnigen Standpunkt aus solche Erwägungen für unsittliche hält, frage ich: »Wenn jedes Reich zwei Feinde hat, und wenn in Bezug auf den äußeren Feind die Anwendung unmoralischer Kampfmittel erlaubt wird — wie z.B. die Geheimhaltung der eigenen Absichten oder ein plötzlicher Überfall —, wenn es also bei Nacht oder mit erdrückender Übermacht über den Gegner herfällt, kann man dann sagen, daß es unerlaubt und unsittlich sei, solche Kampfmittel gegen den schlimmsten Feind zu gebrauchen, der als Zerstörer der gesellschaftlichen Ordnung und des wirtschaftlichen Wohlstandes wirkt?«

Die Masse. — Die Gesetzlosigkeit.

Kann etwa der gesunde und folgerichtig denkende Verstand hoffen, die Volksmassen mit Erfolg zu regieren, wenn er bloße Vernunftsgründe und gütliches Zureden anwendet, obgleich dem Volke die Möglichkeit des Widerspruches zusteht? Würde sich etwa ein auch nur halbwegs verständiges Volk deshalb gefügiger zeigen? Wenn man sich ausschließlich auf allerlei kleine Mittel beschränken will — auf alte Gewohnheiten, Überlieferungen, Gefühlsduselei und gefühlvolle Lehrmeinungen —, so werden sich die Volksmassen absondern und nichts von solcher Regierung wissen wollen; denn die Masse hat ja keinen Sinn für eine verständige Ermahnung. Jede Handlungsweise der Masse hängt von einer zufälligen oder künstlich zusammen gebrachten Mehrheit ab, die sich, in Unkenntnis der Schliche in der Staatskunst, zu den törichtsten Entschlüssen hinreißen läßt, um in den Staat den Keim der Gesetzlosigkeit zu pflanzen.

Staatskunst und Sittengesetz.

Die Staatskunst hat mit dem Sittengesetz auch nicht das Geringste zu tun. Ein Herrscher, der an der Hand des Sittengesetzes regieren will, versteht überhaupt nichts von der Staatskunst und ist daher keinen Augenblick sicher auf seinem Throne. Wer regieren will, der muß mit Verschlagenheit, List, Bosheit, Verstellung arbeiten. Hohe sittliche Eigenschaften — Offenheit, Ehrbarkeit, Ehrlichkeit — sind Klippen für die Staatskunst, denn sie stürzen die Besten vom Throne, wenn sich der Feind anderer und wahrhaft wirksamer Mittel bedient. Diese Eigenschaften mögen die Kennzeichen und Grundsätze der nichtjüdischen Reiche sein; *wir* dürfen niemals und in keiner Weise mit solchen verkehrten Mitteln arbeiten.

Das Recht des Starken.

Unser Recht liegt in der Stärke. Der Ausdruck »*Stärke*« ist ein begrenzter, niemals allgemein gültiger Begriff. Das Wort an sich bedeutet nicht mehr als:

»Gebet mir, was ich will, damit ich hierdurch vor aller Welt klar und deutlich beweise, daß ich stärker bin als ihr.«

Wo fängt das Recht an? Wo hört es auf? In einem Staat, in welchem die Macht schlecht geregelt ist, die Gesetze und der Herrscher durch die zahlreichen Rechte des Freisinns unpersönlich geworden sind, schöpfe ich ein neues Recht: mich nach dem Rechte des Stärkeren auf alle Einrichtungen zu stürzen, meine Hand auf die Gesetze zu legen, alle Behörden umzubilden und der Herr derer zu werden, die uns die Rechte ihrer Macht freiwillig aus Freisinn überlassen haben.

Die Unüberwindlichkeit der jüdischen Freimaurerschaft.

Unsere Macht wird jetzt, da gegenwärtig alle Mächte ins Wanken geraten, *unüberwindlicher* sein als jede andere, weil sie unsichtbar sein wird. Daher wird sie unerschütterlich bis zu *den* Zeiten bleiben, wo sie sich so weit gekräftigt haben wird, daß sie keine Gewalttat mehr unterdrücken kann.

Der Zweck heiligt die Mittel.

Aus dem vorüber gehenden Unheile, das wir jetzt anrichten müssen, wird die Wohltat einer unerschütterlichen Regierung hervor gehen, welche den vom Freisinne gestörten regelmäßigen Gang des völkischen Daseins wieder herstellen wird. Das Ergebnis heiligt die Mittel.⁵ So wollen wir denn in unseren Plänen die Aufmerksamkeit weniger auf das Gute und Sittliche als auf das Nötige und Nützliche lenken.

Vor uns liegt ein Plan, in den die Linie nach den Regeln der Kriegskunst eingezeichnet ist; davon dürfen wir nicht abweichen ohne Gefahr, die Arbeit vieler Jahrhunderte zu zerstören.

Die Masse ist blind.

Damit wir zum Ziele der gemeinsamen Anstrengungen gelangen, müssen wir die Minderwertigkeit, die Unbeständigkeit, den Wankelmut der Masse begreifen lernen. Wir müssen ihre Unfähigkeit zum Begriff und zum Verständnisse der Fragen des staatlichen Lebens, ja der eignen Wohlfahrt verstehen. Wir müssen erfassen, daß die große Volksmasse blind, völlig ohne Verstand, ohne Urteil ist, daß sie willenlos nach rechts und links hin und her schwankt. Ein Blinder kann Blinde nicht führen, ohne daß er sie an den Abgrund geleitet. Folglich können die Mitglieder der Masse, die »Vorwitzigen« aus dem Volke,

---

5 Daß der Zweck die Mittel heilige ist angebliches Prinzip des Jesuitismus.

mögen sie auch begabter, selbst schöpferisch sein, in der Staatskunst niemals
als Führer auftreten. Selbst wenn sie einigen Verstand haben sollten, so eignen
sie sich doch nicht als Vorkämpfer und Leiter der Massen. Sie werden kein
anderes Ziel erreichen, *als daß sie das ganze Volk verderben.*[6]

Das ABC der Staatskunst.

Nur eine Persönlichkeit, die von Jugend auf zur Selbstherrschaft[7] erzogen wurde, kann die Grundsätze der großen Richtlinien in der Staatskunst erkennen
und nach ihnen handeln.

Parteihader.

Ein Volk, das sich selbst, d. h. den Emporkömmlingen aus der Masse überlassen bleibt, zerstört sein eigenes Gefüge durch Parteikämpfe, durch das Ringen
um die Macht in den führenden Stellen, durch das Jagen nach Ehren und
Würden, durch die Unruhen und Strömungen, die aus alle dem entspringen.
Ist es möglich, daß die Massen ruhig und sachlich, ohne Voreingenommenheit urteilen, daß sie die Geschicke des Landes leiten, die sich doch gar nicht
von rein persönlichen Interessen trennen lassen? Können sie das Reich gegen
äußere Feinde verteidigen? Das ist unsinnig, denn der Staatsgedanke, auf so
viele Persönlichkeiten, auf so viele Köpfe aus der Masse verteilt, verliert seine
Einheit und wird unbeständig und machtlos.

Die zweckmäßigste Form der Regierung ist die Selbstherrschaft.

Nur unter der Leitung einer selbstherrschenden Persönlichkeit können die
Pläne der Staatsleitung in voller Klarheit, in guter Ordnung zur Durchführung kommen, kann der ganze Staatskörper ruhig arbeiten. Hieraus folgt, daß
die geeigneteste Staatsform zum Wohl eines Landes die ist, wenn die Leitung
in der Hand *einer* verantwortlichen Persönlichkeit liegt. Ohne unbedingte Gewalt kann kein Staatswesen auf sittlicher Grundlage gedeihen; diese ruht
nicht auf den Massen, sondern auf deren berufenem Führer, mag er sein, wer
er will. Die Masse besteht aus Barbaren, die ihre Roheit und ihr Barbarentum
bei jeder Gelegenheit zur Erscheinung bringt. Sobald aber die Masse die Freiheit an sich reißt, verfällt sie der Gesetzlosigkeit, die schon an sich der höchste
Grad der Barbarei ist.

---

6 Zu Z. 25 (S. 32) bis Z. 4 (S. 33) vgl. Biarritz-Auszug, S. 121, Z. 7-9.
7 Die Selbstherrschaft oder Autokratie ist Attribut des russischen Zaren. Russisch
 samoderžavije, Englisch *autocratic sovereignty*, Fritsch »Zwingherrn«.

33

Weingeist, Humanismus, Laster.

Sehen Sie sich die Betrunkenen an, die vom Weingeiste benebelt sind. Sie glauben ein Recht auf Unmäßigkeit im Genusse zu haben, den sie mit dem Begriffe der Freiheit zusammen werfen. Davon wollen *wir* ein für alle Male fern bleiben! Die nichtjüdischen Völker sind vom Weingeiste benebelt, ihre Jugend ist vom Humanismus und frühen Lastern betört, zu denen sie von unseren Beauftragten, den Verwaltern, Lehrern, Dienern, Erzieherinnen in den reichen Häusern, Erziehungsanstalten usw., ebenso von unseren Weibern in Vergnügungsorten und öffentlichen Häusern verleitet werden. Zu diesen zähle ich auch die sogenannten »Damen der Gesellschaft«, die das Beispiel des Lasters und der Prunksucht freiwillig nachahmen.

Grundsätze der jüdischen Freimaurerloge.

Unsere Losung ist: *Macht und Hinterlist!* Nur die Macht erringt den Sieg in staatsrechtlichen Fragen, namentlich wenn sie sich an solche Persönlichkeiten heran macht, die etwas im Staate zu sagen haben. Die Gewalt bildet die Grundlage, aber List und Verschlagenheit wirken als Machtmittel für solche Regierungen, die nicht gewillt sind, ihre Krone den Vertretern irgend einer neuen Macht zu Füßen zu legen. Dieses Mittel ist das einzige, um zum Ziele zu gelangen, das *uns* vorschwebt. Daher dürfen wir nicht zurück schrecken vor *Bestechung, Betrug, Verrat*, sobald sie zur Erreichung unserer Pläne dienen. In der Staatskunst muß man so klug sein, auch vor den fremdartigsten Mitteln nicht zurück zu schrecken, wenn hierdurch nur Unterwürfigkeit und Macht erlangt werden.

Schreckensherrschaft. Terror.

Unser Reich, das im Wege friedlicher Eroberungen gegründet wird, darf die Schrecken des Krieges durch weniger bemerkbare, aber um so wirksamere Strafen ersetzen; es muß die *Schreckensherrschaft*, den Terror, errichten, um einen blinden und unbedingten Gehorsam zu erzwingen. Strenges, aber unerbittliches Durchgreifen ist die beste Stütze der Staatsgewalt. Nicht allein des Vorteiles wegen, sondern namentlich auch im Namen der Pflicht, des Sieges halber, müssen *wir* fest halten an der Anwendung von Gewalt und List. Wie einerseits die Lehre von der Berechnung gilt, so gilt andererseits auch die Lehre über die Anwendung *aller* erforderlichen Mittel. Aber es handelt sich nicht nur um die wissenschaftliche Bewertung der Mittel, sondern vor Allem um ihre rücksichtslose und unerbittliche Anwendung, damit unsere Vorherrschaft, unsere Überlegenheit gesichert werde. Es genügt zu wissen, daß wir unerbittlich sind, und daß wir es verstehen werden, uns Gehorsam zu erzwingen.

Freiheit, Gleichheit, Brüderlichkeit.

Schon im Altertume ließen wir aus den Reihen des Volkes den Ruf erschallen: »*Freiheit, Gleichheit, Brüderlichkeit!*«⁸ Das sind Worte, die seit jener Zeit bei den verschiedensten Unruhen und Umwälzungen unendlich oft wiederholt worden sind, sei es mit der ehrlichen Absicht, der Welt die wirkliche Wohlfahrt, die wahre Freiheit der Persönlichkeit zu bringen, sei es, um die Begierden der Volksmassen zu befriedigen. Selbst die verständigen und klugen Nichtjuden haben den inneren Widerspruch dieser Worte nicht erkannt. Sie haben sich nicht gesagt, daß es in der Natur keine Gleichheit, keine Freiheit geben kann. Die ganze Natur beruht auf der Ungleichheit der Kräfte, der Eigenschaften, der Besonderheiten. Die Natur ist ewigen Gesetzen unterworfen. Es ist klar, daß die Volksmasse eine blinde Gewalt ist, daß aber auch die von ihr gewählten Emporkömmlinge ebenso blind sind wie die Masse selbst, daß der Eingeweihte, selbst wenn er ein Tor ist, regieren kann, während der Uneingeweihte, auch wenn er ein *Hochgeist* ist, *nichts* von der Staatskunst verstehen wird. Alle diese Dinge wurden von den Nichtjuden vergessen.

Grundsatz der fürstlichen Regierung.

Auf ihnen beruhte aber der Grundsatz der fürstlichen Regierungen: Der Vater übertrug seine Kenntnis der Staatskunst auf den Sohn, so daß sie nur den Mitgliedern des Herrscherhauses bekannt war und ihre Geheimnisse dem regierten Volke von Niemandem verraten werden konnten. Mit der Zeit ging der Sinn solcher Übertragung des wahren Inhaltes der Staatskunst verloren, und das trug zum Erfolg unserer Sache ebenfalls bei.

Beseitigung der Vorrechte des nichtjüdischen Adels.

An allen Ecken der Welt führten die Worte »Freiheit, Gleichheit, Brüderlichkeit!« mit Hilfe unserer *geheimen* Gesellschaften unseren Reihen Riesenmengen zu, die unsere Fahnen zum Siege trugen. Indessen waren jene Worte die Würmer, welche am Wohlstande der Nichtjuden nagten, indem sie überall den Frieden, die Ruhe, den Zusammenhang, den Gemeinsinn der Nichtjuden unterwühlten und dadurch die Grundlagen ihrer Herrschaft zerstörten. Sie sehen, meine Herren, die Folgen, die zum Triumph unserer Sache gedient haben. *Sie gaben uns die Möglichkeit, den höchsten Trumpf auszuspielen: die Vernichtung der Adelsvorrechte oder, besser gesagt, des eigentlichen Wesens der nichtjüdischen Adelsherrschaft, welche das einzige Abwehrmittel der nicht jüdischen Völker und Staaten gegen uns gewesen sind.*

8 Motto der Französischen Revolution: *Liberté, Egalité, Fraternité.*

Der neue Adel.

Auf den Trümmern des alten Bluts- und Geschlechtsadels haben *wir* den Adel unserer Gebildeten und an seine Spitze den Geldadel gesetzt. Der Maßstab dieses neuen Adels liegt im Reichtum, in der Abhängigkeit von uns, in den Lehren, die durch unsere geheimen Ausschüsse verbreitet werden.

Berechnung der menschlichen Schwächen.

Unser Triumph wurde noch dadurch erleichtert, daß wir unter Ausnutzung der Leute, die wir brauchen konnten, immer auf die empfänglichsten Seiten des menschlichen Verstandes hingewirkt haben: auf die Rechnung mit dem Geld, auf die Habgier, auf die Unersättlichkeit nach Gewinn. Jede dieser außerordentlich zahlreichen menschlichen Schwächen ist, sobald man sie an der rechten Stelle packt, geeignet, die Entschlußkraft zu lähmen, indem sie es ermöglicht, den Willen der Menschen Demjenigen zu unterjochen, der die menschlichen Schwächen am geschicktesten auszunutzen versteht.

Begriff der Freiheit.

Der Begriff der Freiheit gab die Möglichkeit, die Masse zu überzeugen, daß die Regierung nichts anderes ist wie der Beauftragte des Eigentümers des Landes, nämlich des Volkes, daß aber das Volk befugt ist, sie zu wechseln, wie man abgetragene Handschuhe wechselt.

Wechsel in der Volksvertretung.

Der Wechsel in der Volksvertretung gab diese in unsere Gewalt und stellte es in unser Belieben, sie zu wählen oder nicht.

Zweite Sitzung

Wirtschaftskriege als Grundlage der jüdischen Vorherrschaft.

Mit allen Mitteln müssen wir zu verhindern suchen, daß die Kriege Landgewinne bringen; dann werden sie auf das wirtschaftliche Gebiet übertragen, wo wir den Völkern die Macht unserer Vorherrschaft zum Bewußtsein bringen werden. Solche Lage liefert beide kriegführende Parteien unseren über den ganzen Erdball verteilten Verbindungen aus, die über Millionen von Augen verfügen und durch keine Landesgrenzen gebunden sind. Dann werden unsere

Rechte die Rechte der Völker weg wischen und diese ebenso regieren, wie das Bürgerliche Gesetzbuch jetzt die Beziehungen der Staatsangehörigen zu einander regelt.

Verwaltungsbeamte und Geheimräte.

Die von uns nach ihren sklavischen Fähigkeiten aus der Bürgerschaft auserwählten Verwaltungsbeamten werden für die Verwaltungstätigkeit nicht vorbereitet sein. Sie werden daher leicht zu Bauern in unserem Schachspiele herab sinken und sich ganz in den Händen unserer geschulten und begabten Ratgeber befinden, die von Jugend auf zur Herrschaft über die ganze Welt erzogen wurden. Wie Ihnen bekannt ist, haben diese Sachverständigen ihre Kenntnis der Regierungskunst aus unseren staatsrechtlichen Plänen, aus den Lehren der Geschichte und den Beobachtungen der Gegenwart geschöpft. Die Nichtjuden kennen nicht die Übung leidenschaftsloser, auf die Geschichte begründeter Beobachtungen, sie lassen sich von einer wissenschaftlichen Gewandtheit leiten, die ohne prüfenden Vergleich mit den Ergebnissen arbeitet. Es hat darum für uns keinen Sinn, mit ihnen zu streiten — mögen sie in der Hoffnung auf neue Freuden oder in der Erinnerung an vergangene leben. Die Hauptsache bleibt, daß sie fest an das glauben, was wir ihnen als Gebote der Wissenschaft eingeträufelt haben. Darum erwecken wir fortwährend durch unsere Presse ein blindes Zutrauen zu unserer Lehre. Die klugen Köpfe der Nichtjuden werden sich mit ihrem Wissen brüsten und die »aus der Wissenschaft« gewonnenen Kenntnisse geschickt zu verwirklichen suchen, ohne dieselben folgerichtig zu prüfen und ohne zu ahnen, daß sie von unseren Vertretern zusammen gestellt wurden, um die Menschen in der für uns notwendigen Geistesrichtung zu erziehen.

Erfolge der zersetzenden Lehren.

Glauben Sie nicht, daß unsere Behauptungen nur leere Worte seien. Blicken Sie auf die von uns erweiterten Erfolge der Lehren von Darwin, Marx und Nietzsche. Ihre zersetzende Wirkung auf nichtjüdische Köpfe sollte uns wenigstens klar sein.

Anpassungsfähigkeit in der Staatskunst.

Wir müssen mit dem Zeitgeiste, mit den Charakteren und Stimmungen der Völker rechnen, um in der Staatskunst und Verwaltung keine Fehler zu begehen. Unser Lehrgebäude, dessen Gefüge je nach der Mischung der Körpersäfte der uns begegnenden Völker beliebig zerlegt werden kann, hat nur dauernden Erfolg, wenn es bei der Anwendung im Leben die Lehren der Vergangenheit mit den Forderungen der Gegenwart verbindet.

Aufgabe der Presse.

In den Händen der gegenwärtigen Regierungen befindet sich eine große Macht, welche entscheidenden Einfluß auf den Geist des Volkes ausübt — *die Presse*. Sie hat die Aufgabe, auf angeblich notwendige Forderungen hinzuweisen, die Klagen des Volkes zum Ausdrucke zu bringen, Unzufriedenheit zu äußern, zu erwecken und abzulenken. In der Presse frohlockt die freie Meinungsäußerung. Aber die Regierungen verstanden es nicht, diese Macht zu benutzen, und so befand sie sich plötzlich in unseren Händen. Durch die Presse kamen wir zu Einfluß und blieben doch selbst im Schatten; dank ihr haben wir Berge von Gold in unsere Hände gebracht, ohne uns darum zu kümmern, daß wir es aus Strömen von Blut und Tränen schöpfen mußten.[9]

Kosten des Goldes und Wert des jüdischen Opfers.

Aber wir haben uns los gekauft, indem wir viele unseres Volkes opferten. Jedes Opfer von unserer Seite ist vor Gott tausend Nichtjuden wert.

Dritte Sitzung

Das Sinnbild der Schlange und seine Bedeutung.

Das Ziel, welches wir uns gesteckt haben, liegt, wie ich Ihnen heute schon mitteilen kann, nur noch wenige Schritte entfernt; wir brauchen nur noch einen kleinen Weg zurück zu legen. Unser Weg ähnelt dem Ringeln einer Schlange, die sich zusammen zieht, also jener Schlange, die wir zum Sinnbild unseres Volkes gewählt haben.[10] Wenn dieser Ring erst geschlossen sein wird, dann sind alle europäischen Reiche von ihm wie durch kräftige Schraubstöcke zusammen gepreßt.

Die Unbeständigkeit der Verfassungen.
Das Schreckgespenst, der Terror, an den Höfen.

Die verfassungsmäßigen Gewalten unserer Zeit werden bald beseitigt sein, weil wir sie nicht zur Ruhe kommen lassen. Wir sorgen dafür, daß sie nicht aufhören zu schwanken, bis ihre Vertreter schließlich gestürzt sind. Die Nichtjuden glaubten zwar, ihre Herrschaft hinreichend gesichert zu haben, und sie

---

9 Zu Z. 1 bis 11 vgl. *Biarritz*-Auszug, S. 126, Z. 20 bis S. 127, Z. 2.
10 Wohl eine Anspielung auf 4. Mose 21, 8: »Da sprach der Herr zu Mose: Mache dir eine eherne Schlange und richte sie zum Zeichen auf«. Ein Epilog in RUSSISCH beschreibt die jüdische Einkreisung der europäischen Länder; auch in ENGLISCH. Die Vorstellung wird bei ZUR BEEK² durch eine Karte veranschaulicht.

hofften immer, endlich zur Ruhe zu kommen; aber das Staatsoberhaupt, also der Herrscher, stützt sich auf seine Vertreter, die verantwortlichen Minister, die ihn zum Narren halten; er läßt sich hinreißen durch seine nicht überwachte und verantwortungslose Macht. Doch gerade diese Macht öffnet den Schrekkensmännern den Weg zu den Fürstenhöfen. Da die Herrscher keine Fühlung mit ihrem Volke haben und deshalb nicht in seine Mitte treten können, so werden sie sich auch niemals mit dem Volke verständigen und keinen festen Boden gegenüber Denjenigen gewinnen können, welchen es nach der Herrschaft gelüstet. Die durch uns geschwächte Macht des Herrschers hat, eben so wie die blinde Macht des Volkes, jede Bedeutung verloren; denn, jede für sich allein ist hilflos wie der Blinde ohne Stock.

Macht und Ehrgeiz.

Um die Machthaber zum Mißbrauch ihrer Gewalt zu veranlassen, haben wir alle Kräfte gegen einander ausgespielt, indem wir ihre freisinnigen Anschauungen in Widerspruch mit der Unabhängigkeit von jeder verfassungsmäßigen Beschränkung brachten. Wir suchten in diesem Sinne jegliche Voreingenommenheit zu beleben, wir rüsteten alle Parteien aus, wir machten die herrschende Macht zur Zielscheibe aller Leidenschaften; aus den Staaten machten wir Kampfplätze, in denen sich Aufstände abspielen; nur noch ein wenig Geduld und die Aufstände und Zusammenbrüche werden eine allgemeine Erscheinung sein.

Reden in der Volksvertretung.

Unermüdliche Redner haben die Sitzungen der Volksvertretungen und der sonstigen gesetzgebenden Körperschaften in einen Schauplatz für Dauerreden verwandelt. Freche Zeitungsschreiber, gewissenlose Schmähschriftsteller fallen täglich über die Vertreter der Regierung her. Der Mißbrauch der Macht lockert schließlich die Grundstützen des Staates und bereitet ihren Zusammenbruch vor. Alles wird unter den Schlägen einer unvernünftigen Masse zertrümmert werden.

Flugschriften.

Die Völker sind durch ihre Armut, die stärker wirkt als Sklaverei und Leibeigenschaft, zu schwerer Arbeit verurteilt. Von Sklaverei und Leibeigenschaft konnten sie sich auf dem einen oder anderen Wege befreien, sie konnten mit ihnen rechnen, aber von dem Elende können sie sich nicht los reißen. Wir fügten in die Verfassungen solche Rechtsgrundlagen ein, die für die Massen eine eingebildete Bedeutung haben, aber keine wirklichen Rechte enthalten. Alle sogenannten »Volksrechte« bestehen nur in der Einbildung! Für die Wirklichkeit sind sie völlig gegenstandslos.

Mißbrauch der Gewalt.

Was kann es dem armen Arbeiter, der sein Leben in harter Arbeit fristet, nützen, daß einige Schwätzer das Recht zum Reden erhalten haben, und daß die Zeitungsschreiber neben wahren Nachrichten auch jeden Blödsinn zusammen schreiben dürfen. Tatsächlich bietet ihm die Verfassung keine anderen Vorteile als die schmalen Brotkrumen, die wir ihm von unserem Tisch aus dafür zuwerfen, daß er für uns und unsere Vertretung stimmt. Die Rechte im Volksstaate sind für die Armen in der Tat nur ein bitterer Hohn. Sie können diese Rechte gar nicht richtig ausüben, weil sie tagtäglich in der Tretmühle der Arbeit stehen, die ihnen kaum den nötigen Lebensunterhalt gewährt. Kein Arbeiter kann mit Sicherheit auf einen ständigen Lohn rechnen; er ist abhängig vom Zusammenschlusse der Fabrikherren und von den Streiks seiner Arbeitsgenossen.

Adel und Emporkömmlinge.

Das Volk hat durch unseren Einfluß die Herrschaft des Adels zerstört. Dieser war schon aus eigenem Vorteile, der unzertrennlich mit den Grundlagen der Volkswohlfahrt verbunden ist, der natürliche Verteidiger und Ernährer des Volkes. Mit der Vernichtung des Adels geriet das Volk unter die Herrschaft reich gewordener Emporkömmlinge, die den Arbeitern das Joch unbarmherziger Knechtung auferlegten.

Das Heer der jüdischen Freimaurerlogen.

Wir erscheinen gewissermaßen als die Retter der Arbeiter aus dieser Knechtschaft, indem wir ihnen vorschlagen, in die Reihen unseres Heeres von Sozialisten, Anarchisten und Kommunisten einzutreten. Diese Richtungen unterstützen wir grundsätzlich, weil wir der Arbeiterschaft einen allgemeinen Menschheitsdienst im brüderlichen Sinne vortäuschen. Der Adel, der von Rechts wegen die Leistungen der Arbeiter in Anspruch nahm, war an ihrem Wohlergehen wenigstens so weit beteiligt, als die Arbeiter satt, gesund und kräftig sein mußten.

Die Entartung der Nichtjuden.

Wir aber wollen gerade das Gegenteil — nämlich die *Entartung der Nichtjuden.* *Unsere* Macht beruht auf dem dauernden Hunger und der Schwäche des Arbeiters. Nur in diesem Zustande muß er sich in jeder Beziehung *unserem* Willen unterordnen, da er in seinen eigenen Kreisen aus eigener Macht keine Hilfe findet, um *uns* Widerstand zu leisten.

Der Hunger und das Recht der Geldmacht.

Der Hunger verschafft der Geldmacht weit sicherer die Rechte auf die Arbeiter, als sie dem Adel von der gesetzlichen Macht des Königs verliehen wurden. Durch die Not und den aus ihr entspringendem Neid und Haß bewegen wir die Massen und beseitigen mit ihrer Hilfe Jeden, der uns auf unserem Wege hinderlich ist.

Die Massen und die Krönung des Weltherrschers.

Sobald die Zeit der Krönung unseres Weltherrschers gekommen sein wird, werden die selben Massen alles weg fegen, was uns noch Widerstand leisten könnte.

Die Grundlagen des Unterrichts an den künftigen Volksschulen der Freimaurer.

Die Nichtjuden können ohne unsere wissenschaftlichen Ratschläge nicht auskommen, wir hüten uns jedoch, ihnen den richtigen Weg zu weisen. Daher haben sie in ihrem Schulunterrichte die Hauptsache übersehen, an der wir nach der Errichtung unseres Reiches unerschütterlich fest halten werden: In den Volksschulen muß die einzige wahre Lehre vom gesellschaftlichen Bau des Lebens gepredigt werden, der die Arbeitsteilung und folglich auch die Einteilung der Menschen in Klassen und Stände erfordert. Es muß unbedingt Allen zum Bewußtseine gebracht werden, daß eine Gleichheit der Menschen infolge der verschiedenen Arbeitsleistung völlig ausgeschlossen ist. Die Unterschiede müssen auch gesetzlich geregelt werden, denn man kann nicht die gleiche Verantwortung verlangen von einem Manne, der durch seine Handlungen einen ganzen Stand entehrt, und einem solchen, der rein persönlich haftbar ist.

Die Geheimnisse der Lehre vom gesellschaftlichen Bau des Lebens.

Die wahre Lehre vom gesellschaftlichen Bau des Lebens, die wir vor den Nichtjuden geheim halten, besagt, daß Stellung und Beruf auf einen bestimmten Kreis von Menschen beschränkt bleiben muß, da sonst aus den Mißverhältnissen zwischen Vorbildung und Beruf eine Quelle menschlicher Leiden entsteht. Haben die Völker sich diese Lehre zu eigen gemacht, so werden sie sich freiwillig den Gewalten und der von ihnen eingeführten Ordnung im Staat unterwerfen. Bei dem heutigen Stande der Wissenschaft und bei der Richtung, welche wir ihr gegeben haben, vertraut das Volk blind dem gedruckten Wort und den ihm beigebrachten Irrlehren; es haßt darum in seiner Beschränktheit jeden Stand, den es über sich wähnt, weil es seine Bedeutung verkennt.

Allgemeine wirtschaftliche Spannung (Krisis).

Die geschilderten Gegensätze werden sich bei der kommenden wirtschaftlichen Spannung, die alle Börsengeschäfte und wirtschaftlichen Industrien lahm legen wird, wesentlich verschärfen. Mit Hilfe des Goldes, das sich ganz in unseren Händen befindet, und sämtlicher zu unserer Verfügung stehender Schleichwege werden wir eine allgemeine wirtschaftliche Spannung hervor rufen, und dann gleichzeitig in allen europäischen Ländern ganze Scharen von Arbeitern auf die Straße werfen. Diese Massen werden voller Wonne das Blut derer vergießen, die sie in ihrer Einfalt von Jugend auf beneiden, und deren Hab und Gut sie dann ungestört werden rauben können.[11]

Unsere Leute außer Gefahr!

An unsere Leute werden sie aber nicht heran kommen, weil uns der Augenblick des Überfalles bekannt sein wird, und weil wir deshalb rechtzeitig Maßnahmen zum Schutze der Unserigen treffen werden.

Die Gewaltherrschaft der Logen ist das Reich der Vernunft.

Wir haben bewiesen, daß der Fortschritt alle Nichtjuden in das Reich der Vernunft führen wird. Unsere Gewaltherrschaft wird dieser Art sein, denn wir werden es verstehen, durch vernünftige Strenge allen Aufruhr zu unterdrücken, und den Freisinn aus allen Zweigen des staatlichen Lebens zu verdrängen.

Der Sturz der Führer, die Logen und der große Umsturz.

Nachdem das Volk gemerkt hatte, daß ihm im Namen der Freiheit allerhand Zugeständnisse gemacht werden, glaubte es, selbst Herr zu sein, und riß die Macht an sich. Natürlich stieß es, wie jeder Blinde, auf eine Fülle von Schwierigkeiten, aus denen es selbst nicht heraus konnte. Auf der Suche nach Führern verfiel es nicht darauf, zu seinen alten Führern zurück zu kehren, es legte vielmehr seine Vollmachten zu unseren Füßen nieder. Denken Sie an den französischen Umsturz, dem wir den Namen des »großen« gegeben haben. Die Geheimnisse seiner Vorbereitung sind uns völlig bekannt, war er doch das Werk unserer Hände.

---

11 Zu Z. 1 bis 10 vgl. *Biarritz*-Auszug, S. 123, Z. 29 bis S. 124, Z. 8.

Der König aus dem Blute Zion.

Seit jenem Zeitpunkte führen wir die Völker aus einer Enttäuschung in die andere, damit sie sich auch von uns abwenden und dem König aus dem Blute Zion[12] zujubeln, den wir der Welt geben werden.

Die unangreifbare Stellung der Logen.

Da wir bereits eine Weltmacht bilden, so sind wir unverwundbar. So bald wir von einem Staate angegriffen werden, treten andere Staaten für uns ein. Unsere unangreifbare Stellung wird durch die unendliche Niedertracht der nichtjüdischen Völker gefördert, die vor der Macht kriechen, aber gegen die Schwachen unbarmherzig sind, die Vergehen unerbittlich bestrafen, Verbrechen dagegen nachsichtig beurteilen, die Widersprüche einer freien Gesellschaftsordnung nicht hin nehmen wollen, aber mit unendlicher Geduld eine von kühner Herrschsucht ausgehende Vergewaltigung ertragen. Von den gewählten Vertretern ihrer Volksstaaten dulden sie Mißbräuche, für deren kleinsten sie zwanzig Könige enthauptet hätten!

Die Aufgaben der geheimen Logenverbindungen.

Woraus erklärt sich diese merkwürdige Erscheinung, dieses nicht folgerichtige Verhalten der Massen gegenüber scheinbar gleichartigen Vorgängen? Sie erklärt sich daraus, daß die gewählten Machthaber den Völkern durch ihre Vertreter einflüstern lassen, sie schädigten die Staaten absichtlich, und zwar zu einem höheren Zwecke. Das Ziel sei die allgemeine Wohlfahrt der Völker, ihre Verbrüderung und Gleichheit. Natürlich wird ihnen nicht gesagt, daß dieser Völkerbund[13] sich nur unter unserer Herrschaft bilden soll! So verurteilt das Volk die Gerechten und läßt die Schuldigen straflos; es läßt sich mehr und mehr davon überzeugen, daß es Alles fertig bringen könne, was es nur will. Unter solchen Umständen zerstört das Volk jede ruhige Entwickelung und ruft bei jedem Schritte nur neue Unordnung hervor.

---

12 Anspielung auf die messianische Tradition, daß das ewige Königtum aus dem Hause David hervorgehen sollte. 2. Sam. 5, 7 heißt es: »David aber gewann die Burg Zion, das ist Davids Stadt«. Zion wurde mit Jerusalem identifiziert.

13 Für die angebliche Ursprungszeit ist »Völkerbund« selbstverständlich ein Anachronismus. Das Wort steht auch bei FRITSCH, ist aber aus ZUR BEEK² als nicht mehr relevant verschwunden.

Die Freiheit.

Das Wort »*Freiheit*« stürzt die menschliche Gesellschaft in den Kampf gegen alle Gewalten, gegen jede Macht der göttlichen und natürlichen Weltordnung. Wenn wir erst auf dem Throne sitzen werden, dann werden wir dieses Wort aus dem Wortschatze der Menschheit vertilgen, weil es der Inbegriff der *tierischen* Kraft ist und die Massen auf die gleiche Stufe mit den blutgierigen Raubtieren stellt. Diese Raubtiere sind erst satt, wenn sie Blut genossen haben. Dann lassen sie sich leicht in Ketten legen; gibt man ihnen aber kein Blut zu saufen, so schlafen sie nicht, sondern balgen sich.

Vierte Sitzung

Die Entwicklung des Volksstaates.

Ein Volksstaat[14] macht eine ganze Reihe von Entwickelungsstufen durch. Der erste Abschnitt dauert nur wenige Tage; er gleicht in seinen Ausschreitungen dem verrückten Gebaren eines Blinden, der von rechts nach links taumelt und nirgends Ruhe und Halt findet. Der zweite Abschnitt ist die Volksherrschaft, aus der die Gesetzlosigkeit entspringt. Diese führt unvermeidlich zur Gewaltherrschaft (Despotismus), die aber nicht mehr öffentlich und gesetzmäßig anerkannt ist und deshalb keine Verantwortung mehr trägt. Es handelt sich vielmehr um eine unsichtbare und unbekannte Macht, um einen Geheimbund, der im Verborgenen arbeitet, und sich deshalb in der Wahl seiner Mittel keinerlei Schranken aufzuerlegen braucht, der seine Vertreter überall vorschiebt und aus ihrem häufigen Wechsel nicht Schaden, sondern Vorteile zieht; diese äußern sich unter anderem schon darin, daß er sein Geld nicht zur Zahlung von Ruhegehältern usw. verwenden muß.

Die Tätigkeit der Logen in der »profanen« Welt.

Worauf beruht die unsichtbare Kraft unserer Logen, wer wäre imstande, sie zu stürzen? Der äußere, »profane« Dienst der Freimaurerei ist nur ein blindes Werkzeug der Logen und ein Deckmantel für ihre eigentlichen Ziele. Diese letzten Ziele der Logen, die Wege, welche dahin führen und der Sitz der Hauptleitung werden dem Volke immer verborgen bleiben.

---

14 Russisch *respublika*, Englisch *republic*, Fritsch »Republik«.

Freiheit und Glaube.

Auch die Freiheit könnte unschädlich sein; sie könnte im Staatsleben ohne Nachteil für die Wohlfahrt der Völker wirksam werden, wenn sie sich auf den Glauben an Gott und auf die Nächstenliebe stützte; wenn sie sich von allen Gedanken der Gleichheit fern hielte, welchen die auf Unterordnung beruhenden Gesetze der Schöpfung widersprechen. Bei solchem Gottesglauben würde sich das Volk von der Geistlichkeit leiten lassen; es würde friedlich und bescheiden an der Hand seiner Seelenhirten einher schreiten und sich der von Gott gewollten Verteilung der irdischen Glücksgüter ruhig unterwerfen. Aus diesem Grunde müssen wir unbedingt den Gottesglauben zerstören, jeden Gedanken an Gott und den Heiligen Geist aus der Seele der Nichtjuden heraus reißen und ihn durch zahlenmäßige Berechnungen und körperliche Bedürfnisse ersetzen.[15]

Der Welt-Wettbewerb in Handel und Gewerbe. Das Spielgeschäft.[16]

Um den Nichtjuden keine Zeit zum Denken und Beobachten zu lassen, müssen wir ihre Gedanken auf Handel und Gewerbe ablenken. Dann werden alle Völker im gegenseitigen Wirtschaftskampfe ihren Vorteil suchen und dabei uns, ihren gemeinsamen Feind, übersehen! Damit die Freiheit endgültig die nichtjüdische Gesellschaft zersetzt und auflöst, muß das Gewerbe auf dem Spielgeschäft aufgebaut werden. Dann werden die reichen Gewinne des Gewerbefleißes aus den Händen der Nichtjuden in die Taschen der Spieler, das heißt in unsere Kassen, übergehen.

Der Götzendienst des Goldes.

Der aufs Äußerste angespannte Kampf um die Vorherrschaft im Wirtschaftsleben hat mit seinen Ellenbogen-Stößen eine enttäuschte, kalte und herzlose Gesellschaft hervor gerufen, die immer neue Zuläufer haben wird. Ihr einziger Lebenszweck wird die Habsucht, also das Gold, sein. Mit ihm werden sie einen förmlichen Götzendienst treiben im Hinblick auf die Genüsse, die er bieten kann. Wenn es so weit gekommen ist, dann werden die unteren Schichten der Nichtjuden weder aus innerer Überzeugung noch aus Gewinnsucht, sondern aus reinem Hasse gegen die herrschenden Kreise mit uns zusammen über unsere Gegner, ihre Glaubensgenossen und Führer, herfallen.

---

15 Zu Z. 1 bis 13 vgl. *Biarritz*-Auszug, S. 122, Z. 35 bis S. 123, Z. 5.
16 Bezieht sich auf die Praktiken des Kapitalismus. RUSSISCH *spekuljacija*, ENGLISCH *speculation*.

Fünfte Sitzung

Größere Einheit in der Verwaltung.

Nichts ist schwerer als die Wahl der Verfassung in einer durch und durch käuflichen Gesellschaft; denn diese erwirbt ihre Reichtümer auf allerlei Schleichwegen, die an den Gefängnismauern vorbei führen; in dieser Gesellschaft herrscht Zuchtlosigkeit; ihre Sittlichkeit wird nur durch strenge Strafen und Gesetze, nicht aber aus freier Überzeugung aufrecht erhalten; Vaterlandsliebe und Gottesglaube werden bei ihr von weltbürgerlichen Überzeugungen überwuchert. Die Verfassung solcher Gesellschaft kann nur auf einer Gewaltherrschaft beruhen, die ich Ihnen weiter unten schildern werde. Wir werden eine größere Vereinheitlichung der Verwaltung schaffen, um mit ihrer Hilfe alle Gewalt in unseren Händen zu vereinigen. Alle Zweige des staatlichen Lebens unserer Untertanen werden wir von selbst durch neue Gesetze regeln. Diese Gesetze werden nach und nach alle Abschwächungen und Freiheiten beseitigen, welche die Nichtjuden zugelassen hatten. Unser Reich soll durch eine so grenzenlose Gewaltherrschaft gekennzeichnet werden, daß es zu jeder Zeit und an allen Orten im Stande sein muß, den Widerstand unzufriedener Nichtjuden im Keime zu ersticken. Man könnte einwenden, daß sich die Gewaltherrschaft, von der ich rede, mit dem Fortschritt unserer Zeit nicht vereinigen ließe; ich werde Ihnen jedoch das Gegenteil beweisen.

Wie die jüdischen Freimaurerlogen zur Macht gelangten.

So lange die Völker noch zu ihren Fürsten wie zu einer Offenbarung des göttlichen Willens aufschauten, beugten sie sich willig unter die Selbstherrschaft der Könige. Als wir ihnen aber den Gedanken von ihren eigenen Rechten einflüsterten, begannen sie, in den Königen nur noch gewöhnliche Sterbliche zu sehen. Das Gottesgnadentum verlor in den Augen des Volkes jede Bedeutung. Als wir ihm den Glauben an Gott geraubt hatten, sank die Macht der Krone auf die Straße. Hier wurde sie als öffentliches Eigentum von uns aufgegriffen.

Wir sind außerdem Meister der Kunst, die Massen und einzelnen Persönlichkeiten durch geschickte Bearbeitung in Wort und Schrift, durch gewandte Umgangsformen und allerlei Mittelchen, von denen die Nichtjuden keine Ahnung haben, nach unserem Willen zu leiten. Unsere Verwaltungskunst beruht auf schärfster Beobachtung und Zergliederung, auf solchen Feinheiten der Schlußfolgerung, daß Niemand mit uns in Wettbewerb treten kann. Auch in der Anlage unserer staatsrechtlichen Pläne und in der Geschlossenheit und Macht unserer Geheimbünde kann sich Niemand mit uns messen. Nur die Jesuiten könnten allenfalls mit uns verglichen werden; da sie aber eine allgemein bekannte Verbindung bilden, so fiel es uns nicht schwer, sie in den Augen der gedankenlosen Masse herab zu setzen. Unser Geheimbund gewann

daher im Stillen an Macht. Ist es übrigens für die Welt nicht gleichgültig, wer
sie beherrscht: das Haupt der katholischen Kirche oder unser Gewaltkönig
vom Blute Zion? Für uns, das auserwählte Volk,[17] ist das freilich durchaus
nicht gleichgültig.

Weshalb können sich die christlichen Staaten nicht einigen?

Zeitweilig könnte ein allgemeines Bündnis aller Nichtjuden über uns obsiegen.
Gegen diese Gefahr sind wir aber durch den tief eingewurzelten, unüberbrückbaren Zwiespalt unter den Nichtjuden geschützt. Im Laufe von zwanzig
Jahrhunderten haben wir bei allen Nichtjuden die persönlichen und völkischen
Gegensätze, den Rassen- und Glaubenshaß eifrig geschürt. Dank diesem
Umstande wird kein christlicher Staat, der gegen uns auftritt, Unterstützung
finden, weil jeder andere Staat glauben muß, daß ein Bündnis gegen uns für
ihn nicht vorteilhaft sei. Wir sind eben zu stark, mit uns muß man rechnen!
Heute können die Mächte nicht einmal das kleinste Übereinkommen unter
einander abschließen, ohne daß wir im Geheimen unsere Hand dabei im
Spiele haben.

Die Juden — das auserwählte Volk.

»Per me reges regnant — durch mich herrschen die Könige«.[18] Die Propheten
haben uns gelehrt, daß wir von Gott selbst zur Herrschaft über die ganze Welt
auserwählt wurden. Gott selbst hat uns die nötige Begabung verliehen, damit
wir uns dieser großen Aufgabe gewachsen zeigen. Selbst wenn im gegnerischen
Lager ein Geistesheld erstände, der sich mit uns in einen Kampf einließe, so
müßte er dennoch unterliegen, da der Neuling sich mit dem Alteingesessenen
nicht messen kann. Der Kampf zwischen uns wäre so schonungslos geworden,
wie ihn die Welt noch nicht gesehen hat; auch wäre der Geistesheld zu spät
gekommen.

17 Der Bezeichnung der Juden als auserwähltes Volk wurzelt im Bund zwischen Gott
und Abraham (1. Mose 15). Die Auserwähltheit hängt von der Treue zum Gesetz ab:
»Ich, der Herr, habe dich gerufen in Gerechtigkeit« (Jesaja 42, 8); sie ist nicht Zeichen
einer völkischen Überlegenheit: »Nicht hat euch der Herr angenommen und euch erwählt, darum daß euer mehr wäre als alle Völker – denn du bist das kleinste unter
allen Völkern« (5. Mose 7, 7). Traditionell sollte die Auserwähltheit als Verpflichtung, nicht als Vorrecht verstanden werden. Der Begriff ist aber zweifellos mißverständlich und wurde deswegen vom Reformjudentum aufgegeben bzw. in Amerika
modifiziert. Unser Text ist nur ein Symptom dafür, wie sich das Mißverständnis in
der Umwelt festgesetzt hat.
18 Sprüche 8:15: »Durch mich regieren die Könige und setzen die Ratsherren das Recht«.
Sprecherin ist die personifizierte Weisheit. Wie kommt der angeblich jüdische Vortragende dazu, die Bibel lateinisch statt hebräisch zu zitieren?

Das Gold — die Triebkraft der Staatsmaschine.

Alle Räder der Staatsmaschine werden durch eine Kraft betrieben, die ganz in unseren Händen ruht: das Gold! Die von unseren Gelehrten erdachte Volkswirtschaftslehre hat schon längst dem Geld eine überlegene Machtstellung zugewiesen.

Das Alleinrecht (Monopol) in Handel und Gewerbe.

Um unbeschränkt herrschen zu können, muß sich die Geldmacht das ausschließliche Recht für jede Tätigkeit in Handel und Gewerbe erringen. Unsichtbare Hände sind schon am Werk, um diesen Plan in der ganzen Welt zu verwirklichen. Wenn erst dieses Ziel erreicht ist, dann werden die Gewerbetreibenden solches Übergewicht im staatlichen Leben gewinnen, daß sie ungestört das Volk ausbeuten können. Heute ist es wichtiger, die Völker zu entwaffnen, als in den Krieg zu führen; es ist wichtiger, die entflammten Leidenschaften zu unseren Gunsten zu benutzen, als sie einzudämmen; es ist wichtiger, fremde Gedanken aufzugreifen und im eigenen Sinne auszulegen, als sie, wie früher, mit Feuer und Schwert zu vertreiben.

Die Bedeutung unserer zersetzenden Urteilskraft (Kritik).

Die Hauptaufgabe unserer Geheimbünde besteht darin, die öffentliche Meinung durch eine zersetzende Beurteilung aller Vorgänge in ihrer Widerstandskraft zu lähmen, den Menschen das eigene Denken, das sich gegen uns aufbäumen könnte, abzugewöhnen, und die vorhandenen Geisteskräfte auf bloße Spiegelfechtereien einer hohlen Redekunst abzulenken.

Die zur Schau gestellten Redebühnen.

Zu allen Zeiten hielten die Völker und die einzelnen Persönlichkeiten das Wort für die Tat; sie begnügen sich mit dem Schein, ohne zu merken, ob im öffentlichen Leben auf die Versprechungen auch die Erfüllung folgt. Darum werden wir öffentliche Redebühnen zur Schau stellen, wo dem Volke mit großer Beredsamkeit klar gemacht werden soll, welche Opfer wir für den allgemeinen Fortschritt gebracht haben.

Die Ermüdung durch schöne Reden.

Wir werden uns jeden freiheitlichen Gedanken aller Parteien und Richtungen aneignen und unsere Redner beauftragen, ihn so lange breit zu treten, bis wir die Menschen mit den schönen Reden ermüdet und in ihnen einen Abscheu vor den Rednern aller Richtungen erzeugt haben.

Wie beherrschen wir die öffentliche Meinung?

Um die öffentliche Meinung zu beherrschen, müssen wir Zweifel und Zwietracht säen, indem wir von den verschiedensten Seiten so lange einander widersprechende Ansichten äußern lassen, bis die Nichtjuden sich in dem Wirrsale derselben nicht mehr zurecht finden und zu der Überzeugung kommen, daß es am besten sei, in staatsrechtlichen Fragen überhaupt keine Meinung zu haben, da dem Volk in diesen Dingen der nötige Überblick fehle, und nur Derjenige sie wirklich überschauen könne, der das Volk selbst leitet. Das ist unser erstes Geheimnis!

Das zweite, für den Erfolg unserer Sache nicht minder wichtige, Geheimnis besteht darin, die Fehler und Gebrechen des Volkes möglichst zu vermehren. Alle schlechten Gewohnheiten, Leidenschaften, alle Regeln des geselligen Verkehrs müssen derart auf die Spitze getrieben werden, daß sich Niemand in dem tollen Durcheinander mehr zurecht finden kann, und die Menschen aufhören, einander zu verstehen. Auf diese Weise wird es uns leicht sein, Zwietracht in allen Parteien zu säen, jede Sammlung von Kräften, die sich uns noch nicht unterwerfen wollen, zu verhindern, und jede persönliche Tatkraft, die unsere Sache irgend wie stören könnte, von vorne herein zu entmutigen.

Die Bedeutung der persönlichen Tatkraft.

Es gibt nichts Gefährlicheres, als die Macht der Persönlichkeit. Ist sie mit schöpferischen Geisteskräften begabt, so vermag sie mehr auszurichten, als Millionen von Menschen, die wir mit einander entzweit haben. Darum müssen wir die Erziehung der nichtjüdischen Gesellschaft dahin lenken, daß sie vor jeder Sache, die Tatkraft und Entschlußfähigkeit erfordert, in hoffnungsloser Schwäche die Hände sinken läßt. Wenn allen die Freiheit des Handelns zusteht, ist die öffentliche Tatkraft gelähmt, dagegen sind schwere sittliche Zusammenstöße, Enttäuschungen und Mißerfolge unvermeidlich.

Die Oberherrschaft.

Durch alle diese Mittel werden wir die Nichtjuden derart ermüden, daß sie gezwungen sein werden, uns die Weltherrschaft anzubieten. Wir sind nach unserer ganzen Veranlagung sehr wohl im Stande, ohne schroffen Übergang alle staatlichen Kräfte der Welt in uns einzusaugen und eine Oberherrschaft zu bilden. An die Stelle der jetzigen Herrscher werden wir ein Schreckgespenst setzen, das sich Überstaatliche Verwaltung nennen wird. Wie Zangen werden seine Arme nach allen Richtungen ausgestreckt sein und eine so gewaltige Macht darstellen, daß sich alle Völker unserer Herrschaft beugen werden.

Sechste Sitzung

Abhängigkeit des nichtjüdischen Wohlstandes von den jüdischen Alleinrechten (Monopolen).

Sehr bald werden wir uns im Tauschverkehre riesige Alleinrechte (Monopole) sichern, die jeden fremden Wettbewerb ausschließen und für uns eine Quelle gewaltigen Reichtumes bilden werden. Von diesen jüdischen Alleinrechten werden selbst die großen Vermögen der Nichtjuden in einer Weise abhängen, daß sie am ersten Tage nach dem großen Zusammenbruche der alten Regierung ebenso verschwinden werden, wie das in die Zahlungsfähigkeit der Staaten gesetzte Vertrauen (Staatskredite). Ich bitte, die hier anwesenden Volkswirte, die Bedeutung dieses Gedankens richtig abzuschätzen.

Mit allen Mitteln müssen wir die Macht unserer Oberherrschaft entwickeln; sie muß allen als die Schirmherrin und Wohltäterin derer erscheinen, die sich uns freiwillig unterwerfen.

Der Adel wird des Grundbesitzes beraubt.

Der nichtjüdische Adel hat als staatliche Macht ausgespielt. Wir brauchen mit ihm in dieser Hinsicht nicht mehr zu rechnen. Da er aber Großgrundbesitzer ist und dadurch eine gesicherte wirtschaftliche Stellung einnimmt, die ihn oft völlig unabhängig macht, so ist er für uns schädlich. Daher gilt es, ihn um jeden Preis seines Grundbesitzes zu berauben. Das beste Mittel hierzu ist die Erhöhung der Grundsteuern und anderer Lasten, denn dadurch muß schließlich eine Verschuldung und Überverschuldung des Grundbesitzes eintreten. Durch diese Maßnahmen wird der nichtjüdische Adel, der von Jugend auf an keine Einschränkungen gewöhnt ist, seine Selbständigkeit verlieren und vielfach in eine derartige Abhängigkeit von den Geldgebern geraten, daß er schnell zu Grunde gehen muß.[19]

---

19 Zu Z. 12 bis 26 vgl. JOLY, S. 87-88: »Chef de gouvernement, tous mes édits, toutes mes ordonnances tendraient constamment au même but: annihiler les forces collectives et individuelles; développer démesurément la prépondérance de l'État, en faire le souverain protecteur, promoteur et rémunérateur. [...] Dans le temps actuel, l'aristocratie, en tant que force politique, a disparu; mais la bourgeoisie territoriale est encore un élément de résistance dangereux pour les gouvernements, parce qu'elle est d'elle-même indépendante; il peut être nécessaire de l'appauvrir ou même de la ruiner complètement. Il suffit, pour cela, d'aggraver les charges qui pèsent sur la propriété foncière, de maintenir l'agriculture dans un état d'infériorité relative, de favoriser à outrance le commerce et l'industrie, mais principalement la spéculation; car la trop grand prospérité de l'industrie peut elle-même devenir un danger, en créant un nombre trop considérable de fortunes indépendantes«.
(LEISEGANG, S. 49/50; ENZENSBERGER, S. 82/83: »Als Chef der Regierung werde ich

Handel, Gewerbe und Spielgeschäft (Spekulation).

Gleichzeitig müssen wir Handel und Gewerbe einen verstärkten Schutz angedeihen lassen, und vor allem das Spielgeschäft fördern. Dieses dient uns als Gegengewicht gegen die zunehmende Macht der Industrie. Ohne Spielgeschäft würde die Industrie das bürgerliche Kapital vermehren und zur Hebung der Landwirtschaft beitragen, da sie den Grundbesitz aus der Schuldknechtschaft der Landbanken befreien könnte. Wir müssen es dazu bringen, daß die Industrie der Landwirtschaft sowohl die Arbeitskräfte, als auch das Geld nimmt und durch das Spielgeschäft alle Schätze der Welt in unsere Hände ausliefert. Dann sind alle Nichtjuden arme Teufel, dann werden sie sich vor uns beugen, um nur ihr Leben fristen zu können!

Die Verleitung zu großem Aufwande.

Um die nichtjüdische Industrie zu zerstören, werden wir uns neben dem Spielgeschäfte noch eines anderen Mittels bedienen: es ist die Verleitung der Nichtjuden zu einem großen Aufwande, der in keinem Verhältnisse zu ihren Einnahmen steht und schließlich in ein üppiges Leben ausartet, dem unbedenklich alles geopfert wird.

Steigerung der Arbeitslöhne und Verteuerung der Lebensmittel.

Wir werden die Arbeiter veranlassen, erhöhte Lohnforderungen zu stellen. Die Bewilligung derselben wird ihnen aber keinerlei Vorteile bringen, da wir gleichzeitig die Preise der wichtigsten Lebensmittel und sonstigen Gegenstände des täglichen Bedarfes verteuern werden. Als Vorwand werden wir dabei den Notstand der Landwirtschaft und der Viehzucht benutzen.

---

alle meine Erlasse und alle meine Verordnungen beharrlich auf dasselbe Ziel richten: die kollektiven und die individuellen Mächte zu vernichten, das Übergewicht des Staates bis ins Maßlose zu steigern, aus ihm einen souveränen Beschützer, Förderer und Belohner zu machen. […] In der jetzigen Zeit ist die Aristokratie als politische Macht von der Bildfläche verschwunden. Aber der Großgrundbesitz ist noch einer der Grundbestandteile des Widerstands, der der Regierung gefährlich werden kann, da er an sich unabhängig ist. Es kann also eine Staatsnotwendigkeit werden, ihn verarmen zu lassen oder auch ihn vollständig zu zerrütten. Um das zu erreichen, genügt es, die Steuern, die auf dem Grundeigentum lasten, zu erhöhen, die Landwirtschaft in einem Zustand relativer Unbedeutendheit zu halten, dagegen Handel und Industrie, besonders aber die Spekulation, zu begünstigen; denn ein allzu großes Aufblühen der Industrie kann selbst wieder eine Gefahr werden, da sie eine viel zu beträchtliche Zahl unabhängiger Vermögen hervorbringt.«). Vgl. auch *Biarritz*-Auszug, S. 121, Z. 37 bis S. 122, Z. 11.

Gesetzlosigkeit und Trunksucht.

Wir werden die Grundlagen der Erzeugung in Landwirtschaft und Gewerbe künstlich tief unterwühlen, indem wir die Arbeiter an Gesetzlosigkeit und Trunksucht gewöhnen und alle geistig hochstehenden Kräfte der Nichtjuden vom Lande entfernen.

Der geheime Sinn unserer volkswirtschaftlichen Lehren.

Damit die Nichtjuden den wahren Stand der Dinge nicht vor der Zeit erkennen, werden wir ihn sorgfältig verschleiern. Als Mittel dazu dient uns die eifrige Werbetätigkeit unserer volkswirtschaftlichen Lehren, aus denen scheinbar ein ernstes Streben spricht, für die Arbeiterklasse und die weltbewegenden wirtschaftlichen Grundsätze mit aller Kraft einzutreten.

Siebente Sitzung

Das Ziel der starken Rüstungen.

Die starken Rüstungen, die Ausgestaltung des Polizeiwesens, das Alles dient nur zur Verwirklichung unserer bereits entwickelten Pläne. Wir müssen dafür sorgen, daß es neben uns in allen Staaten nur noch Besitzlose und einige von uns abhängige Millionäre gibt, außerdem Polizei und Soldaten.

Gärung, Streit, Feindschaft auf der ganzen Welt.

Wir müssen in ganz Europa und durch die Beziehungen von dort aus auch in anderen Erdteilen Gährung, Streit und Feindschaft erregen. Damit erreichen wir einen doppelten Vorteil: Erstens werden uns alle Staaten fürchten, weil sie genau wissen, daß wir jederzeit imstande sind, nach Belieben Unruhen hervor zu rufen oder die alte Ordnung wieder herzustellen. Zweitens werden wir durch unsere Umtriebe alle Fäden verwirren, die wir mit Hilfe staatsrechtlicher oder wirtschaftlicher Verträge und Schuldverschreibungen nach allen Staatsleitungen gesponnen haben. Um dieses Ziel restlos zu erreichen, müssen wir bei den mündlichen Verhandlungen mit großer Verschlagenheit und Verschmitztheit vorgehen; äußerlich dagegen, in dem sogenannten amtlichen Schriftwechsel, werden wir ein entgegen gesetztes Verfahren einschlagen und stets ehrbar und entgegen kommend erscheinen. Befolgen wir diese Grundsätze, so werden die nichtjüdischen Staatsleitungen und Völker, die wir daran gewöhnt haben, den Schein für bare Münze zu nehmen, uns einst noch für die Wohltäter und Retter des Menschengeschlechtes halten.

Die Bändigung des Widerstandes der Nichtjuden durch Kriege und den allgemeinen Weltkrieg.

Sobald ein nichtjüdischer Staat es wagt, uns Widerstand zu leisten, müssen wir in der Lage sein, seine Nachbaren zum Kriege gegen ihn zu veranlassen. Wollen aber auch die Nachbaren gemeinsame Sache mit ihm machen und gegen uns vorgehen, so müssen wir den Weltkrieg entfesseln.

Der Erfolg der Staatskunst beruht auf der Geheimhaltung der Absichten.

Der oberste Grundsatz jeder erfolgreichen Staatskunst ist die strengste Geheimhaltung aller Unternehmungen. Was der Staatsmann sagt, braucht keineswegs mit dem überein zu stimmen, was er tut.

Die Presse und die öffentliche Meinung.

Wir müssen die nichtjüdischen Staatsleitungen zwingen, unseren breit angelegten Plan, der sich schon der erwünschten Vollendung nähert, tatkräftig zu unterstützen. Als Mittel dazu werden wir die öffentliche Meinung vorschützen, die wir insgeheim durch die sogenannte letzte Großmacht — die Presse — in unserem Sinne bearbeitet haben. Mit ganz wenigen Ausnahmen, die überhaupt nicht in Frage kommen, liegt die ganze Presse in unseren Händen.

Amerika, China, Japan[20] — die Werkzeuge der Freimaurerlogen.

Wir wollen unseren Plan zur Niederzwingung der nichtjüdischen Staaten in Europa in wenige Worte zusammen fassen: Einem von ihnen werden wir unsere Macht durch Mordanschläge, also durch die Schreckensmänner, den Terror, beweisen. Sollte es zu einer gemeinsamen Erhebung aller europäischen Staaten wider uns kommen, so werden ihnen amerikanische, chinesische oder japanische Geschütze in unserem Namen antworten.

---

20 Die Einbeziehung Japans in die Reihe der Helfershelfer der Juden hat wohl mit der Demütigung des Russisch-japanischen Kriegs von 1904-1905 zu tun, wäre also wieder ein Anachronismus in einem angeblich 1897 entstandenen Text. Japan wurde merkwürdigerweise noch in der NS-Zeit bei ZUR BEEK[2] in diesem Sinne beibehalten, auch bei FRITSCH, wo aber Amerika fehlt – vielleicht ein Versehen.

Achte Sitzung

Die Biegsamkeit der Rechtspflege.

Mit allen Kampfmitteln, deren sich unsere Gegner gegen uns bedienen könnten, müssen auch wir uns ausrüsten. Wir müssen uns deshalb mit allen Feinheiten und mit allen Kniffen der Gesetzbücher vertraut machen. Es darf uns niemals an einer Begründung fehlen, selbst wenn es sich um ungerechte Entscheidungen und Urteile handelt, welche die bisherige Rechtsauffassung auf den Kopf stellen. Alles hängt eben davon ab, daß diese grundlegenden rechtlichen Entscheidungen in einer Form verkündet werden, als seien sie der Ausfluß der höchsten sittlichen Rechtsordnung.[21]

Die Hilfskräfte der jüdischen Freimaurerlogen.

Unsere Leitung muß sich mit allen Hilfskräften umgeben, die ihr der gesittete Staat zur Verfügung stellt. Dazu gehören vor allem Tagesschriftsteller, Rechtsgelehrte, Verwaltungsbeamte, Staatsmänner und schließlich solche Persönlichkeiten, die in unseren Fachschulen eine besondere Vorbildung genossen haben.

Unsere Fachschulen und ihre Ziele.

Die sorgfältig ausgesuchten Leute werden von uns in alle Geheimnisse des gesellschaftlichen Lebens eingeweiht. Sie erwerben ausgedehnte Sprachkenntnisse und werden mit allen Geheimzeichen und Gebräuchen der Staatskunst vertraut gemacht. Sie werden darüber belehrt, wie die menschliche Seele erobert werden muß, wie man die Saiten der innersten Stimmungen der menschlichen Natur anschlagen und behandeln muß, auf denen wir zu spielen berufen sind. Hierzu gehören die besondere Geistesrichtung der Nichtjuden,

---

21 Zu Z. 3 bis 10 vgl. JOLY, S. 90-91: »l'essentiel est d'employer contre ses adversaires toutes les armes qu'ils pourraient employer contre vous. Non content de m'appuyer sur la force violente de la démocratie, je voudrais emprunter aux subtilités du droit leurs ressources les plus savantes. Quand on prend des décisions qui peuvent paraître injustes ou téméraires, il est essentiel de savoir les énoncer en de bons termes, de les appuyer des raisons les plus élevées de la morale et du droit«.
(LEISEGANG, S. 50/51; ENZENSBERGER, S. 86: »Die Hauptsache ist, alle die Kampfmittel gegen seine Gegner anzuwenden, die sie gegen uns gebrauchen könnten. Ich würde mich nicht nur damit begnügen, mich auf die gewaltige Macht der Demokratie zu stützen, sondern ich würde auch aus der Rechtswissenschaft mit ihren Spitzfindigkeiten die künstlichsten Hilfsmittel entnehmen. Wenn man die Entscheidungen zu treffen hat, die ungerecht und leichtfertig erscheinen könnten, so ist es wichtig, daß man es versteht, sie in schönen Worten anzukündigen und sie mit den erhabensten Gründen der Moral und des Rechts zu stützen.«)

ihre Bestrebungen, Fehler, Leidenschaften und die besonderen Eigenschaften der einzelnen Klassen und Stände. Tonangebende Mitarbeiter bei unseren Angelegenheiten dürfen natürlich nicht aus den Reihen der Nichtjuden entnommen werden, die durchaus nicht gewöhnt sind, ihre amtlichen Pflichten dem Geiste nach auszuüben. Wissen sie doch ihn der Regel nicht, worum es sich handelt, und eben so wenig, was notwendig ist. Nichtjüdische Beamte unterzeichnen häufig Schriftstücke, ohne sie überhaupt zu lesen. Sie dienen dem Staate teils aus Ehrgeiz, teils aus Eigennutz, aber ohne eigentliches Ziel.

Volkswirte und Millionäre.

Wir werden unsere Leitung mit unzähligen Volkswirten umgeben. Der volkswirtschaftliche Unterricht ist deshalb der wichtigste Gegenstand bei der Erziehung und Ausbildung der Juden. Wir ziehen uns eine gewaltige Menge von Bankleuten, Fabrikherren, Geldmännern und, was die Hauptsache ist, von Millionären heran; denn in der Wirklichkeit wird doch alles durch die Macht des Geldes entschieden.

Wem sollen wir die verantwortlichen Staatsstellen anvertrauen?

So lange wir die verantwortlichen Staatsstellen noch unbedenklich unseren jüdischen (?) Brüdern anvertrauen können, werden wir sie nur solchen Persönlichkeiten geben, deren Vergangenheit und Charakter für sie bürgt. Hierzu gehört, daß zwischen ihnen und dem Volk ein Abgrund klafft! Wir dürfen diese Stellen nur solchen Persönlichkeiten anvertrauen, die das Todesurteil oder die Verbannung gewärtigen müssen, falls sie unseren Weisungen nicht gehorchen. Sie müssen bereit und gewillt sein, unsere Interessen bis zum letzten Atemzuge zu vertreten.

Neunte Sitzung

Die Anwendung unserer Grundsätze bei der Erziehung der Völker.

Sie müssen bei der Anwendung unserer Grundsätze die Eigenart des Volkes berücksichtigen, in dessen Gebiete Sie sich aufhalten werden, um es planmäßig zu bearbeiten. Die gleichmäßige Anwendung unserer Grundsätze auf alle Völker kann keinen Erfolg bringen, so lange die nötige Vorarbeit noch nicht geleistet ist. Wenn Sie aber vorsichtig zu Werke gehen, werden Sie sehen, daß schon ein Jahrzehnt genügt, um selbst den festesten Charakter zu Fall zu bringen. Dann können wir ein neues Volk in der Reihe derjenigen zählen, die sich uns schon unterworfen haben.

Die Losung der Freimaurerlogen.

Das alte freisinnige Feldgeschrei: »Freiheit, Gleichheit, Brüderlichkeit!«, das im Grunde genommen von unseren zionistischen Logen in die Welt gesetzt wurde, werden wir, sobald wir zur Herrschaft gelangt sind, nur noch als Gedanken einer höheren Geisteswelt gelten lassen, die sich auf Erden nicht verwirklichen lassen. Wir werden sagen: »Recht auf Freiheit, Pflicht der Gleichheit, Vorbild der Brüderlichkeit« und damit den Stier bei den Hörnern packen. In der Tat haben wir außer unserer eigenen schon jede Herrschergewalt untergraben, obgleich rechtlich noch viele Herrscher und Staatsleitungen vorhanden sind. Wenn heute irgend ein Staat gegen uns Einspruch erhebt, so geschieht es nur der Form halber, meist sogar mit unserem Wissen und Wollen.

Die Bedeutung des Antisemitismus.

Wir brauchen den Antisemitismus, um unsere Brüder aus den unteren Schichten zusammen zu halten. Ich will dies nicht näher ausführen, da wir über diesen Gegenstand schon wiederholt gesprochen haben.

Die Gewaltherrschaft der jüdischen Logen.

Tatsächlich gibt es für uns keine Hindernisse. Unsere Oberherrschaft steht außerhalb aller gesetzlichen Schranken; ihre Grundlagen sind so fest, daß sie nur mit dem Kraftworte: Gewaltherrschaft bezeichnet werden kann. Ich kann es mit voller Überzeugung sagen, daß *wir* zur Zeit die Gesetzgeber sind; *wir* sprechen Recht und üben die vollziehende Gewalt aus, *wir* strafen und begnadigen, *wir* sitzen als Führer aller unserer Heere hoch zu Roß. Uns leitet ein fester Wille, da wir die Erbschaft einer einst mächtigen Partei angetreten haben, die jetzt ganz von uns abhängt. Wir verfügen über einen unbändigen Ehrgeiz, brennende Habgier, schonungslose Rachsucht und unerbittlichen Haß.

Das Schreckgespenst — der Terror.

Von uns geht das Schreckgespenst, der allumfassende Terror aus.

Wer dient den jüdischen Logen?

In unserem Dienste stehen Leute aller Anschauungen und Richtungen: Monarchisten, Freisinnige, Demokraten, Sozialisten, Kommunisten und allerhand Utopisten. Wir haben sie alle für uns in das Joch gespannt. Jeder von ihnen untergräbt an seiner Stelle die letzten Stützen der Staatsgewalt und sucht die bestehende Rechtsordnung umzustoßen. Dadurch geraten alle Staaten in Verwirrung; jeder sehnt sich nach Ruhe und ist bereit, um des lieben Friedens willen alles zu opfern. Wir aber lassen sie nicht zur Ruhe kommen, bis sie unsere Welt-Oberherrschaft offen und bedingungslos anerkannt haben. Das Volk stöhnt und verlangt nach einer Lösung der gesellschaftlichen (sozialen) Frage im Wege einer allgemeinen zwischenstaatlichen Verständigung. Da aber alle Völker in Parteien zerspalten sind und der Parteikampf große Mittel erfordert, so hängen alle Parteien und Völker von uns ab; denn das Geld haben wir Juden allein.

Sehende und blinde Kräfte außerhalb des Judentums.

Wir könnten befürchten, daß außerhalb des Judentumes die sehenden Kräfte der Herrschenden sich mit den blinden Kräften der Völker vereinigen. Allein wir haben alle Vorsichtsmaßregeln getroffen, um solche Möglichkeit zu verhindern. Zwischen beiden Kräften haben wir eine Mauer in Gestalt einer gegenseitigen Schreckensherrschaft errichtet. Auf diese Weise bleibt die blinde Masse des Volkes unsere Stütze. Wir und nur wir allein werden ihr als Führer dienen und sie schließlich ganz unseren Zielen zuführen.

Unsere Gemeinschaft mit dem Volke.

Damit das blinde Volk sich unserer Leitung nicht entzieht, müssen wir von Zeit zu Zeit in engste Gemeinschaft zu ihm treten. Läßt sich das persönlich nicht bewerkstelligen, so muß es durch unsere zuverlässigsten Brüder geschehen. Sind wir als Macht erst anerkannt, so werden wir persönlich mit dem Volk auf den Straßen und Plätzen reden und es lehren, sich in staatsrechtlichen Fragen diejenige Auffassung zu eigen zu machen, die wir gerade brauchen.

Niemand kann nachprüfen, was dem Volk in den Dorfschulen gelehrt wird. Was aber der Beauftragte der Regierung oder der Herrscher selbst dem Volke sagt, das geht wie ein Lauffeuer über das ganze Land, denn es wird schnell durch die Stimme des Volkes in alle Winde getragen.

Die freisinnige Willkür.

Um die staatlichen und gesellschaftlichen Einrichtungen der Nichtjuden nicht vorzeitig zu zerstören, sind wir mit größter Umsicht zu Werke gegangen und haben zunächst nur die Enden der Triebfedern ergriffen, durch die alles im Gange gehalten wird. Diese Triebkräfte waren streng, aber gerecht verteilt. Wir aber ersetzten sie durch die freisinnige Willkür, die jeder Ordnung spottet. Auf diese Weise untergruben wir die Rechtsprechung, die Wahlordnung, die Presse, die Freiheit der Person und vor allem die Erziehung und Bildung des Volkes als Eckpfeiler jeder wirklichen Freiheit.

Die falschen Lehren.

Wir haben die nichtjüdische Jugend verdummt, verführt und verdorben. Dieses Ziel wurde von uns dadurch erreicht, daß wir ihre Erziehung auf falschen Grundsätzen und Lehren aufbauten, deren Lügenhaftigkeit uns sehr wohl bekannt war, die wir aber trotzdem oder gerade deswegen anwenden ließen.

Die Auslegung der Gesetze.

Da wir die bestehenden Gesetze nicht plötzlich ändern konnten, so haben wir ihren Sinn durch widerspruchsvolle Deutungen vollkommen entstellt. Auf diesem Wege erzielten wir über Erwarten große Erfolge. Zunächst wurden die Gesetze durch die vielen Deutungen verdunkelt und dann allmählich in ihr Gegenteil verwandelt. Die Staatsleitung verlor jede Übersicht und konnte sich schließlich selbst in der äußerst verworrenen und widerspruchsvollen Gesetzgebung nicht mehr zurecht finden. Seitdem sieht man es als etwas weit Höheres und Wertvolleres an, wenn der Mensch sich vor seinem eigenen Gewissen rechtfertigen kann, während die Rechtfertigung vor dem Gesetze jede moralische Bedeutung verloren hat.

Die Untergrundbahnen der Hauptstädte.

Sie könnten einwenden, daß die Nichtjuden voller Erbitterung mit den Waffen in der Hand über uns herfallen werden, sobald sie vor der Zeit entdecken, wie alles zusammen hängt. Für diesen Fall haben wir ein letztes, furchtbares Mittel in der Hand, vor dem selbst die tapfersten Herzen erzittern sollen. Bald werden alle Hauptstädte der Welt von Stollen der Untergrundbahnen durchzogen sein. Von diesen Stollen aus werden wir im Falle der Gefahr für uns die ganzen Städte mit den Staatsleitungen, Ämtern, Urkundensammlungen und den Nichtjuden mit ihrem Hab und Gut in die Luft sprengen.[22]

---

22 Diese fantastische Vorstellung ist beim Bearbeiter von ENGLISCH und sogar bei FRITSCH auf Unglauben gestoßen. Beide meinen, es könne nicht wörtlich gemeint sein; in ENGLISCH heißt es: »Probably figurative, referring to such means as Bolshevism« (S. 30; im Jahre 1897?); FRITSCH gibt zu, es klinge zwar verrückt, wolle aber nur zeigen, »daß die Verschwörung vor keinem noch so ruchlosen Mittel zurückschrekken werde, um ihre Absichten durchzusetzen« (S. 29). Der Plan für die Pariser Métro wurde 1894 bekanntgegeben, 1897 genehmigt; die erste Linie wurde erst 1900 gebaut. Vgl. COHN, S. 130.

Zehnte Sitzung

Der Schein in der Staatskunst.

Diesmal beginne ich mit einer Wiederholung meiner früheren Ausführungen, denen zufolge die Staatsleiter und Völker sich in der Staatskunst mit dem Scheine begnügen. Wie sollten sie auch den wahren Stand der Dinge erkennen, da es ihren Vertretern doch hauptsächlich darauf ankommt, gut und reichlich zu leben? Für uns ist die Kenntnis dieses Umstandes von der allergrößten Bedeutung. Nutzen wir ihn gehörig aus, so können wir bei den Verhandlungen über die Verteilung der Staatsgewalt, die Freiheit des Wortes, der Presse und des Glaubens, das Recht des Zusammenschlusses, die Gleichheit vor dem Gesetze, die Unantastbarkeit der Person, des Eigentumes und der Wohnung, die Besteuerung und die rückwirkende Kraft der Gesetze große Vorteile für uns heraus schlagen. Über alle diese Fragen darf man mit dem Volke niemals offen und rückhaltlos sprechen. Ist es unumgänglich notwendig, sie zu berühren, so darf es unsererseits nur in allgemeinen Redewendungen geschehen, wobei wir uns besonders davor hüten müssen, die sogenannten Volksrechte im Einzelnen aufzuzählen. Wir können etwa sagen, wir erkennten die Grundlagen der bestehenden Rechtsordnung an. Eine so zweideutige Erklärung bindet uns in keiner Weise. Sie verschweigt die Hauptsache und gibt uns die Möglichkeit, jederzeit diesen oder jenen Grundsatz, der uns gerade nicht paßt, unbemerkt fallen zu lassen oder doch wesentlich abzuändern. Sind die »Volksrechte« aber erst einmal aufgezählt, so erscheinen sie schon wie geschenkt.

Das Große in der Niedertracht.

Das Volk liebt und verehrt an den Staatsmännern besonders die Tatkraft, auch wenn sie sich mit Vergewaltigungen paart. »Das war niederträchtig,« sagt es, »aber sehr gewandt!« Oder: »Alles Schwindel, aber großartig aufgemacht, eine bodenlose Frechheit!«

Wir Juden rechnen darauf, alle Völker für die Errichtung eines völlig neuen Staatsgebäudes zu gewinnen, das uns schon lange vorschwebt. Deshalb müssen wir vor Allem dafür sorgen, daß unsere Führer Persönlichkeiten sind, die mit einer beispiellosen Kühnheit und Geisteskraft auf ihr Ziel losgehen. Dann werden wir auf unserem Wege jeden Widerstand brechen.

Was verspricht die Staatsumwälzung der Freimaurer?

Wenn wir die von uns geplante Staatsumwälzung vollzogen haben, werden wir den Völkern sagen: »Es ist alles schrecklich schlecht gegangen, Ihr Alle seid vor Leid und Gram erschöpft. Sehet, wir beseitigen die Ursachen Euerer Leiden:

die völkische Abgeschlossenheit, die Landesgrenzen, die Verschiedenartigkeit der Währungen. Natürlich könnt Ihr über uns richten, Euer Urteil wäre aber notgedrungen ungerecht, falls Ihr es fällen wolltet, ohne vorher diejenigen Einrichtungen ernstlich zu prüfen, die wir Euch bieten.« Dann werden sie uns zujubeln und uns in heller Begeisterung auf den Händen tragen. Die von uns schon lange planmäßig vorbereitete allgemeine Volksabstimmung, mit deren Hilfe wir unsere Herrschaft rechtmäßig sichern wollen, wird ihren letzten großen Dienst tun. Die Völker werden sich mit einmütiger Entschlossenheit für uns erklären, um uns zu erproben, bevor sie ein Urteil über uns fällen.

Allgemeines Wahlrecht.

Um dieses Ziel zu erreichen, müssen wir vorher das allgemeine Wahlreicht ohne Unterschied von Stand und Vermögen einführen. Dann hat die Masse Alles zu sagen, und da sie tatsächlich von uns geleitet wird, so erlangen wir durch sie die unbedingte Mehrheit, die wir niemals bekommen würden, wenn nur die gebildeten und besitzenden Klassen zu wählen hätten.

Selbstbestimmung.

Nachdem wir so den Massen den Begriff der Selbstbestimmung eingetrichtert haben, werden wir die Bedeutung der nichtjüdischen Familie und ihre erzieherischen Werte vernichten. Wir werden es zu verhindern wissen, daß aus den Reihen der Nichtjuden hochbegabte Persönlichkeiten erstehen, und sollten sie dennoch vorhanden sein, so wird die von uns geleitete Masse sie nicht hoch kommen lassen, sie bei der ersten besten Gelegenheit nieder schreien. Ist sie doch gewöhnt, nur uns zu folgen, da wir ihren Gehorsam und ihre Aufmerksamkeit gut bezahlen. Auf diese Weise werden wir uns eine blindgefügige Macht schaffen, die gar nicht imstande sein wird, etwas gegen den Willen unserer Vertreter zu unternehmen, denen wir die Leitung der Masse anvertraut haben. Das Volk wird sich ihrer Herrschaft willig unterwerfen, denn es wird wissen, daß es von ihnen jederzeit Arbeit, Geld und sonstige Vorteile erhalten kann.

Der hochbegabte Leiter des Freimaurertums.

Der Plan unserer Leitung muß fertig aus einem Kopfe hervor gehen, denn er kann niemals feste Gestalt annehmen, wenn unzählige Köpfe daran arbeiten wollen. Deshalb ist es uns wohl erlaubt, zu wissen, was ausgeführt werden soll, wir dürfen die Vorschriften aber niemals einer Beurteilung unterziehen. Sonst könnten wir die einzig dastehende Größe des Gesamtplanes, den Zusammenhang seiner einzelnen Teile, die Wirkung eines jeden Punktes, dessen geheimer Sinn uns verborgen bleibt, zerstören. Unterwerfen wir ein derartiges Werk der Beurteilung und Abstimmung zahlreicher Gesinnungsgenossen, so wird es unvermeidlich die Spuren zahlreicher Mißverständnisse in sich tragen, denn nicht Jeder ist imstande, den tieferen Sinn und Zusammenhang des Ganzen zu ergründen. Es genügt uns, daß unsere Pläne mit voller Kraft entworfen und folgerichtig durchgeführt werden. Darum dürfen wir die geistesstarke Arbeit unseres Leiters nicht vor die Säue werfen und auch im engeren Kreise nicht bekritteln lassen.

Diese Pläne werden die bestehenden Einrichtungen vorläufig nicht umstürzen. Sie werden nur ihre wirtschaftliche Grundlage und im Zusammenhange damit den Zweck ihrer Tätigkeit verändern, so daß sie schließlich ganz unseren Zielen dienen.

Die Staatseinrichtungen und ihre Aufgaben.

In allen Staaten gibt es unter den verschiedenen Bezeichnungen annähernd die gleichen Einrichtungen: Volksvertretung, Ministerien, Staatsrat, Höchster Gerichtshof, gesetzgebende und vollziehende Gewalten. Ich brauche Ihnen die Beziehungen dieser Staatseinrichtungen zu einander nicht zu erläutern. Das alles ist Ihnen gut bekannt. Ich bitte Sie nur, daran fest zu halten, daß jede dieser Staatseinrichtungen irgend eine wichtige Aufgabe im Staatsleben erfüllen muß. Das Wort »wichtig« beziehe ich dabei nicht auf das Amt, sondern auf die Aufgabe; folglich sind nicht die Ämter wichtig, sondern die Aufgaben, die sie zu erfüllen haben. Die Ämter haben unter sich alle wichtigen Zweige des Staatslebens verteilt: die Verwaltung, die Gesetzgebung, die vollziehende Gewalt. Sie üben darum im Staatskörper dieselbe Wirkung aus, wie die Glieder im menschlichen Körper. Sobald wir ein wichtiges Glied der Staatsmaschine beschädigt haben, wird der ganze Betrieb in Unordnung geraten und schließlich ebenso absterben, wie beim Menschen der Tod durch die Krankheit eines wichtigen Körperteiles eintritt.

Das Gift des Freisinnes.

Nachdem wir dem Staatskörper das Gift des Freisinnes eingeflößt haben, hat sich sein ganzer staatsrechtlicher Bau verändert. Heute sind alle Staaten von einer tötlichen Krankheit, der Zersetzung des Blutes, befallen. Wir brauchen nur noch auf den letzten Todeskampf zu warten.

Die Verfassung als Schule des Parteihaders. Das Zeitalter der Volksherrschaft.
Die Präsidenten als Geschöpfe des Freimaurertumes.

Während die Rettung der Nichtjuden in der Erhaltung eines starken Königtumes ruhte, schuf der Freisinn die verfassungsmäßig regierten Staaten. Jede Verfassung ist, wie Sie genau wissen, die hohe Schule für allerhand Haß und Streit und unfruchtbaren Parteihader, der die Kraft des Staates lähmt und seine Lebensäußerungen jeden Persönlichkeitswertes entkleidet. Die Volksvertretungen wetteiferten mit der Presse darin, die Könige und Herrscher zur Untätigkeit und Machtlosigkeit zu verurteilen. Auf diese Weise wurden sie schließlich in den Augen des Volkes überflüssig, so daß es ein Leichtes war, sie zu stürzen. Seitdem begann das Zeitalter der Volksherrschaft, in dem wir die angestammten Könige durch Strohpuppen ersetzten, die wir als »Präsidenten« aus der Masse des Volkes unter den uns sklavisch ergebenen Günstlingen aussuchten. Das war der Sprengkörper, den wir unter die Grundmauern nicht nur eines, sondern — glauben Sie es nur — aller nichtjüdischen Völker gelegt haben.

Die Verantwortlichkeit der Präsidenten.

Bald werden wir den Grundsatz einführen, daß die Präsidenten für ihre Handlungen verantwortlich sind. Dann brauchen wir uns in der Durchführung unserer Maßnahmen keinerlei Schranken mehr auf zu legen, da die Verantwortung ganz auf unsere Strohpuppen fallen wird. Uns kann es ja nur recht sein, daß sich dadurch die Reihen derer lichten werden, die nach Macht streben. Es ist sogar voraus zu sehen, daß es vielfach unmöglich sein wird, geeignete Persönlichkeiten für den Präsidentenposten zu finden. Daraus können nur Unruhen entstehen, die die Staaten endgültig zerrütten werden.

Panama. Die Rolle des Abgeordnetenhauses und des Präsidenten.

Um dieses von uns gewünschte Ergebnis zu erreichen, werden wir für die Wahl solcher Präsidenten sorgen, deren Vergangenheit irgend einen dunklen Punkt, irgend ein »Panama«[23] aufweist. Dann haben wir sie ganz in unserer Hand, dann sind sie blinde Werkzeuge unseres Willens! Einerseits müssen sie sich stets davor fürchten, daß wir mit Enthüllungen kommen werden, die sie unmöglich machen; andererseits werden sie, wie jeder Mensch, das begreifliche Streben haben, sich in der einmal erlangten Machtstellung zu behaupten und die einem Präsidenten zustehenden Vorrechte und Ehren möglichst lange zu genießen. Das Abgeordnetenhaus, in dem viele Vertrauensleute und Parteigänger des Präsidenten sitzen werden, wird ihm als Rückendeckung dienen: es wird ihn wählen und verteidigen. Damit es aber nicht die Macht über den Präsidenten gewinnt, werden wir ihm persönlich, der Strohpuppe in unserer Hand, das Recht erteilen, neue Gesetze vorzuschlagen oder alte zu verändern. Dann wird die Macht des Präsidenten natürlich zur Zielscheibe unzähliger Angriffe werden. Wir aber wollen ihm ein Mittel der Selbstverteidigung in die

---

23 Als Episode des politischen Kleinkriegs unter den Russen in Paris sind im Jahre 1892 Beschuldigungen aufgekommen, daß der Botschafter des antisemitischen Zaren eine halbe Million Franken von der von einem Juden geleiteten *Société du canal de Panama* erpreßt habe. Daraus wurde ein großer Skandal, der sich in die Mitte des nächsten Jahres hinzog. Vgl. ROLLIN, S. 403, 517; COHN, S. 130.

Hand geben, indem wir ihm das Recht verleihen, das Abgeordnetenhaus aufzulösen und in der Form von Neuwahlen eine abermalige Entscheidung des Volkes anzurufen, des selben Volkes, dessen Mehrheit blindlings unseren Weisungen folgt! Unabhängig davon werden wir dem Präsidenten das Recht verleihen, im Namen des Staates Krieg zu erklären. Wir werden dieses Recht damit begründen, daß der Präsident als Haupt der gesamten Wehrmacht des Landes jederzeit in der Lage sein muß, über dieselbe zu verfügen, da er als verantwortlicher Vertreter des Staates die Pflicht habe, die neue Verfassung vor Angriffen zu schützen und die junge Freiheit des Volksstaates zu verteidigen.

Die Freimaurerlogen als Gesetzgeber.

Es ist ohne weiteres klar, daß der Schlüssel zum Heiligtum unter solchen Umständen ganz in unseren Händen sein wird und Niemand, außer uns, die Gesetzgebung leiten wird.

Die neue Verfassung des Volksstaates.

Mit der Einführung der neuen Verfassung des Volksstaates werden wir dem Abgeordnetenhaus unter dem Vorwande der Wahrung des Staatsgeheimnisses das Recht nehmen, Anfragen über staatsrechtliche Maßnahmen der Regierung zu stellen. Außerdem werden wir die Zahl der Volksvertreter in der neuen Verfasung auf ein Mindestmaß beschränken. Damit erreichen wir gleichzeitig eine wesentliche Abkühlung der Leidenschaften in allen staatsrechtliche Fragen. Sollten sich diese wider Erwarten selbst bei der kleinen Minderheit entflammen, die wir zur Erörterung solcher Fragen zugelassen haben, so werden wir sie nach Hause schicken und im Wege der allgemeinen Volksabstimmung eine uns ergebene Mehrheit gewinnen.

Der Präsident wird die Aufgabe haben, den Präsidenten des Abgeordnetenhauses und des Senates sowie deren Stellvertreter zu ernennen. Wir werden die dauernden Sitzungen der Volksvertreter abschaffen und statt deren kurze Tagungen von einigen Monaten einführen. Außerdem wird der Präsident als Träger der vollziehenden Gewalt das Recht haben, die Volksvertretung einzuberufen oder aufzulösen. Im Falle der Auflösung wird er den Beginn der neuen Tagung nach Belieben hinaus schieben können.[24] Um den Präsidenten davor

---

24 Zu Z. 26 bis 31 vgl. JOLY, S. 120-121: »Au lieu de sessions permanentes, je réduirais à quelques mois le tenue de l'assemblée […]. J'ajoute que, comme chef du pouvoir exécutif, j'ai le droit de convoque, de dissoudre le Corps législatif, et qu'en cas de dissolution, je me réserverais les plus longs délais pour convoquer une nouvelle représentation«. (LEISEGANG, S. 72/73; ENZENSBERGER, S. 120/121: »Statt der permanenten Sitzungen würde ich die Tagung der Versammlung auf einige Monate reduzieren […]. Ich füge noch hinzu, daß ich als Oberhaupt der exekutiven Gewalt das Recht habe, die gesetzgebende Körperschaft einzuberufen und aufzulösen, und daß ich im Falle der Auflösung mir sehr lange Fristen vorbehalten würde, eine neue Volksvertretung zu berufen.«)

zu schützen, daß er vor der Erfüllung unserer Pläne wegen einer solchen im Grunde genommen ungesetzlichen Handlungsweise zur Rechenschaft gezogen wird, lassen wir den Ministern und den anderen hohen Verwaltungsbeamten aus seiner Umgebung den Rat geben, die Verfügungen des Präsidenten durch selbständige Maßnahmen zu umgehen, dafür aber auch selbst die Verantwortung zu tragen … Solche Vollmachten empfehlen wir, besonders dem Höchsten Gerichtshofe, dem Staatsrat und dem Ministerrate zu geben, aber nicht einzelnen Persönlichkeiten.

Der Präsident wird die bestehenden Gesetze, die eine verschiedene Deutung zulassen, stets in unserem Sinn auslegen; er wird sie außer Kraft setzen, wenn wir ihn auf die Notwendigkeit solcher Maßnahme verweisen. Außerdem wird er das Recht haben, neue Gesetze von kurzer Dauer, ja selbst Änderungen der Verfassung vorzuschlagen. Zur Begründung braucht er ja nur zu sagen, diese Maßnahmen seien für das höchste Wohl des Staates erforderlich.

Der Übergang zur Selbstherrschaft der Logen.

Auf solche Weise werden wir allmählich, Schritt für Schritt, alles vernichten können, was wir ursprünglich, zu Beginn unserer unsichtbaren Herrschaft, in die Verfassungen der Volksstaaten aufnehmen mußten. Unmerklich werden die letzten Spuren eines jeden verfassungsmäßigen Rechtes verschwinden, bis schließlich die Zeit gekommen sein wird, in der wir offen jede Regierungsgewalt im Namen unserer Selbstherrschaft an uns reißen werden.

Die Verkündigung des Weltherrschers.

Die Anerkennung unseres Weltherrschers kann schon vor der endgültigen Beseitigung aller Verfassungen erfolgen. Der günstigste Augenblick dafür wird dann gekommen sein, wenn die von langen Unruhen geplagten Völker angesichts der — von uns herbei geführten — Ohnmacht ihrer Herrscher alles Vertrauen zu denselben verloren und den Ruf ausstoßen werden: »Beseitigt sie und gebt uns einen einzigen Weltherrscher, der uns alle vereint und die Ursachen des ewigen Haders — die völkischen Gegensätze, die Verschiedenartigkeit des Glaubens, die Grenzen der Staaten und ihre Ausdehnungsbestrebungen — beseitigt, der uns endlich Frieden und Ruhe bringt, den wir vergeblich von unseren Herrschern und Volksvertretungen erhofften«.

Verbreitung von Seuchen und sonstige Ränke der Logen.

Sie wissen selbst ganz genau, daß es einer langen und unermüdlichen Arbeit bedarf, um alle Völker zu solchem Ausrufe zu bewegen. Wir müssen ohne Unterlaß in allen Ländern die Beziehungen der Völker und Staaten zu einander vergiften; wir müssen alle Völker durch Neid und Haß, durch Streit und

Krieg, ja selbst durch Entbehrungen, Hunger und Verbreitung von Seuchen derart zermürben, daß die Nichtjuden keinen anderen Ausweg finden, als sich unserer Herrschaft vollkommen zu beugen.

Geben wir den Völkern eine Atempause, so dürfte der ersehnte Augenblick kaum jemals eintreten.

Elfte Sitzung

Die Grundsätze der neuen Verfassung.

Der Staatsrat wird die Macht des Herrschers gewissermaßen unterstreichen; als sichtbarem Teile der gesetzgebenden Gewalt wird ihm die Aufgabe zufallen, den Wortlaut der Gesetze und Verordnungen des Herrschers im Einzelnen auszuarbeiten. Die Grundsätze der neuen Verfassung bestehen also darin, daß *wir* die Gesetze schaffen und Recht sprechen werden. Das wird geschehen: 1. durch Beschlüsse der gesetzgebenden Körperschaften, denen wir in der Form von »Vorschlägen« die nötigen Weisungen erteilen werden. 2. Durch allgemeine Erlasse des Präsidenten, Verfügungen des Senates und des Staatsrates, letztere in Gestalt von Ministererlassen. 3. Durch Ausnutzung des geeigneten Zeitpunktes für einen Staatsstreich.

Einige Einzelheiten des kommenden Umsturzes.

Nachdem wir die Art unseres Vorgehens in groben Zügen geschildert haben, wollen wir noch auf einige Einzelheiten eingehen, die uns zu einem völligen Siege verhelfen sollen. Unter diesen Einzelheiten verstehe ich die Freiheit der Presse, das Recht des Zusammenschlusses, die Gewissensfreiheit, das allgemeine gleiche Wahlrecht und vieles Andere, was unmittelbar nach dem Staatsstreich aus der geistigen Rüstkammer der Menschheit verschwinden oder doch von Grund aus umgestaltet werden muß. Der Staatsstreich bietet uns die einzige Möglichkeit, mit einem Schlage die von uns gewünschte Verfassung einzuführen. Jede spätere merkliche Veränderung birgt große Gefahren in sich. Bringt sie neue Beschränkungen und wird sie mit großer Strenge durchgeführt, so kann sie die Menschen aus Furcht vor einer weiteren Verschlechterung ihrer Lage zur Verzweiflung treiben. Enthält sie dagegen Milderungen der bisherigen Bestimmungen, so wird man sagen, daß wir unser Unrecht eingesehen hätten, und dann ist das Vertrauen in unsere Unfehlbarkeit für immer verloren; oder es wird heißen, daß wir uns fürchten und darum Entgegenkommen zeigen müssen; dankbar wird uns Niemand dafür sein, denn Jeder wird die Milderungen für unsere selbstverständliche Pflicht halten. Jede Veränderung der neuen Verfassung kann uns also nur schaden. Wir müssen sie vielmehr als ein in sich geschlossenes Ganzes den nichtjüdischen Völkern in dem Augenblick aufzwingen, wo sie von dem eben vollzogenen Staatsstreiche noch betäubt sind und ihre Kräfte noch nicht gesammelt haben. Die neue Verfassung muß ihnen wie eine eherne Notwendigkeit erscheinen, gegen die jeder Widerstand zwecklos wäre. Sie müssen von vorne herein ihre Hoffnung auf eine Berücksichtigung ihrer Wünsche und Meinungen aufgeben und zu der Überzeugung kommen, daß unsere Stellung stark und unerschütterlich ist. Sie sollen merken, daß wir fest entschlossen sind, von der Fülle der uns zur Verfügung stehenden Machtmittel schonungslos Gebrauch zu machen und den geringsten Widerstand mit größter Strenge im Keime zu ersticken. Sind die Nichtjuden endlich zur Erkenntnis gelangt, daß wir die ganze Macht an uns gerissen haben und es rundweg ablehnen, sie mit ihnen zu teilen, so werden sie vor Schrecken die Augen schließen und untätig der Dinge harren, die da kommen sollen.

Die Nichtjuden sind Hammel.

Die Nichtjuden sind eine Hammelherde, wir Juden aber sind die Wölfe. Wissen Sie, meine Herren, was aus den Schafen wird, wenn die Wölfe in ihre Herden einbrechen? ... Sie werden die Augen schließen und schon deshalb stille halten, weil wir ihnen die Rückgabe aller geraubten Freiheiten versprechen werden, wenn erst alle Friedensfeinde nieder gerungen und alle Parteien überwältigt sind. Brauche ich Ihnen zu sagen, wie lange die Nichtjuden auf die Wiedereinsetzung in ihre Rechte warten werden?

Die offenen Lügen der geheimen jüdischen Logen.

Wir haben eine lügenhafte Staatslehre erdacht und sie unermüdlich den Nichtjuden eingeflößt, ohne ihnen Zeit zur Besinnung zu lassen. Das geschah aus dem Grunde, weil wir unser Ziel nur auf Umwegen erreichen können, da der gerade Weg über die Kraft unserer zerstreuten Stämme geht. Zu diesem Zwecke haben wir die geheimen jüdischen Freimaurerlogen gegründet. Niemand kennt sie und ihre Ziele, am allerwenigsten die Ochsen von Nichtjuden, die wir zur Teilnahme an den offenen Freimaurerlogen bewogen haben, um ihren Stammesbrüdern Sand in die Augen zu streuen.

Gott hat uns, seinem auserwählten Volke, die Gnade verliehen, uns über die ganze Welt zu zerstreuen. In dieser scheinbaren Schwäche unseres Stammes liegt unsere ganze Kraft, die uns schon an die Schwelle der Weltherrschaft geführt hat. Der Grundstein ist schon gelegt, es gilt nur noch den Bau zu vollenden.

Zwölfte Sitzung

Was ist die Freiheit im Sinne der jüdischen Logen?

Schon Vieles ist über das Wort »Freiheit« gesprochen und geschrieben worden. Wir verstehen es so: Freiheit ist das Recht, das zu tun, was das Gesetz erlaubt.[25] Eine solche Auslegung des Begriffes gibt die Freiheit vollständig in unsere Hand, da wir die ganze Gesetzgebung beherrschen und nach unserem Belieben Gesetze einführen oder aufheben werden.

Die Presse unter der künftigen jüdischen Weltherrschaft.

Welche Aufgabe erfüllt jetzt die Presse? Sie dient dazu, die Volksleidenschaften in dem von uns gewünschten Sinne zu entflammen oder selbstsüchtige Parteizwecke zu fördern. Sie ist hohl, ungerecht und verlogen. Die meisten Menschen wissen gar nicht, wem die Presse eigentlich dient. Wir Juden haben sie unseren Zwecken dienstbar gemacht; wir werden sie, wenn wir erst zur Herrschaft gelangt sind, vollständig in Fesseln schlagen und jeden Angriff auf uns unnachsichtlich bestrafen. Der augenblickliche Zustand ist doch ganz widersinnig: einerseits kostet die unumgängliche Vorprüfung der Bücher, Zeitschriften und Zeitungen den nichtjüdischen Staat eine Menge Geld, andererseits läßt er sich doch aus Achtung vor der angeblichen »öffentlichen Meinung« von jedem Schmierfinke mit Kot bewerfen, ohne dagegen einzuschreiten. Wir werden uns davor zu schützen wissen und gleichzeitig unserem Staat aus der Beaufsichtigung der öffentlichen Meinung eine erhebliche Einnahmequelle verschaffen. Das wird zunächst in der Weise geschehen, daß wir Drucksachen aller Art, wie Zeitungen, Zeitschriften, Bücher usw. mit einer Stempelsteuer belegen, welche die übergroße Zahl derselben einschränken dürfte. Ferner werden wir von jedem Zeitungsverlage, jeder Druckerei usw. die Stellung einer bedeutenden Bürgschaftssumme verlangen, die wir im Falle von Angriffen auf uns ganz oder teilweise einziehen. Nun könnten ja einzelne Parteien bereit sein, große Geldsumme zu opfern, um ihre Meinung dennoch öffentlich zu verbreiten. Aber auch dagegen wissen wir ein Mittel: sobald eine Zeitung uns zum zweiten Male angreift, wird sie unterdrückt. Niemand soll den Heiligenschein unserer staatsrechtlichen Unfehlbarkeit ungestraft antasten

---

25 Der Ausspruch stammt von Montesquieu und ist von JOLY, S. 137, übernommen worden: »On lit, dit-on, dans votre ouvrage, la proposition que voici: ›La liberté est le droit de faire ce que les lois permettent‹«. (LEISEGANG, S. 84; ENZENSBERGER, S. 138/39: »In Ihrem Werke soll folgender Satz zu lesen sein: ›Die Freiheit ist das Recht, das zu tun, was die Gesetze erlauben.‹«) Eine Anmerkung bezieht das Zitat auf »*Es. des lois*, p. 123, livre XI, chap. III«. (ebd.: »Geist der Gesetze, XI. Buch, 3. Kap.«).

dürfen! Als Vorwand für die Unterdrückung einer Zeitung oder Zeitschrift werden wir stets die allgemeine Redensart anwenden, sie habe die öffentliche Meinung ohne Grund und Ursache aufgewiegelt. Ich bitte Sie übrigens zu beachten, daß Angriffe auf uns auch von solchen Zeitungen erfolgen werden, die wir selbst gegründet haben. Derartige Angriffe werden sich aber stets auf diejenigen Punkte beschränken, die wir selbst zur Abänderung vorgemerkt haben.

Die Vorprüfung der Zeitungen, Zeitschriften und Bücher. Die Nachrichtenämter.

Keine Zeitung, keine Zeitschrift und kein Buch wird ohne unsere Vorprüfung erscheinen dürfen. Dieses Ziel wird von uns teilweise schon jetzt dadurch erreicht, daß die Neuigkeiten aus aller Welt in einigen wenigen Nachrichtenämtern zusammen strömen, dort bearbeitet und erst dann den einzelnen Schriftleitungen, Behörden usw. übermittelt werden. Diese Nachrichtenämter werden allmählich ganz in unsere Hände über gehen und nur das veröffentlichen dürfen, was wir ihnen vorschreiben werden. Es ist uns schon jetzt gelungen, die Gedankenwelt der nichtjüdischen Gesellschaft in einer Weise zu beherrschen, daß fast alle Nichtjuden die Weltereignisse durch die bunten Gläser der Brillen ansehen, die wir ihnen aufgesetzt haben. Schon jetzt ist kein Staat auf der ganzen Welt imstande, sich davor zu schützen, daß uns alles bekannt wird, was die Nichtjuden in ihrer Dummheit ein Staatsgeheimnis nennen. Kein Schloß, kein Riegel ist stark genug, um uns den Zutritt zu verwehren, kein Geheimfach ist vor unseren Nachforschungen sicher. Was wird erst werden, wenn unsere Herrschaft über die ganze Welt in der Person unseres Weltherrschers eine allgemeine Anerkennung gefunden hat?

Wir wollen nochmals auf die Zukunft der Presse zurück kommen. Jeder Verleger, Drucker oder Buchhändler wird genötigt sein, einen besonderen Erlaubnisschein für die Ausübung seines Berufes zu erwerben, den wir bei dem geringsten Verstoße gegen unsere Weisungen sofort einziehen werden. Auf diese Weise wird das gedruckte Wort ein Werkzeug in der Hand unserer Regierung sein, die es nicht mehr zulassen wird, daß das Volk sich in fruchtlosen Träumen über die angeblichen Wohltaten des Fortschrittes verliert.

Was ist »Fortschritt« im Sinne der jüdischen Logen?

Jeder von Ihnen, meine Herren, weiß, daß mit den nebelhaften Versprechungen des Freisinnes der Weg zu den unsinnigen Träumen gepflastert ist, die jede Zucht und Ordnung in den Beziehungen der Menschen zu einander und zum Staat aufheben wollen. Der Fortschritt oder richtiger gesagt der Gedanke des Fortschrittes führte zur Lehre von der Gesetzlosigkeit, da er die bisherigen Abhängigkeits-Verhältnisse der Menschen beseitigte, ohne sie von der Notwendigkeit einer neuen Unterordnung zu überzeugen. Alle sogenannten Fortschrittler sind Umstürzler, wenn auch nicht immer in ihren Taten, so doch mindestens ihren Anschauungen nach. Jeder von ihnen jagt irgend welchen Trugbildern der Freiheit nach und verfällt schließlich nur in Willkür, d. h. in grundsätzliche Verneinung der bestehenden Einrichtungen nur um der lieben Verneinung willen.

Nochmals die Presse.

Wir kommen nochmals auf die Presse zurück. Die Zeitungen und überhaupt Drucksachen aller Art werden wir — neben den Bürgschaftssummen — mit Stempelsteuern nach der Zahl der Seiten belegen. Für Flug- und Zeitschriften unter 30 Seiten[26] werden wir die Steuer verdoppeln und ein besonderes Verzeichnis einführen. Damit hoffen wir einerseits die Zahl der Flug- und Zeitschriften einzuschränken, die unter allen Drucksachen das schlimmste Gift verbreiten; andererseits werden die Schriftsteller gezwungen sein, so umfangreiche Abhandlungen zu schreiben, daß sie schon wegen der hohen Preise nur wenige Leser finden dürften. Was wir aber selbst heraus geben werden, um die Menschen in der von uns gewünschten Geistesrichtung zu erziehen, das wird so billig sein, daß es reißenden Absatz finden muß. Die Steuer wird die Schreibwut der Leute besänftigen, während die Strafen die Schriftsteller in Abhängigkeit von uns bringen werden. Sollten trotzdem einige von ihnen gegen uns schreiben wollen, so werden sie keinen Verleger für ihre Arbeiten finden. Denn jeder Verleger oder Drucker wird verpflichtet sein, vor der Annahme einer Arbeit die Druckerlaubnis der von uns eingesetzten Behörde einzuholen. Auf diese Weise werden wir rechtzeitig die auf uns geplanten Angriffe erfahren und ihnen jede Stoßkraft nehmen können, indem wir vorher die entsprechenden Maßnahmen treffen oder doch wenigstens ankündigen. Ist das geschehen, so können wir die Druckerlaubnis mit dem Hinweis darauf ablehnen, daß die Arbeit sich gegen Übelstände wende, deren Beseitigung die Regierung schon in Angriff genommen habe. Unter Umständen kann uns aber eine verspätete Veröffentlichung der Angriffe nur erwünscht sein, weil sie der Regierung unfreiwillig das Zeugnis ausstellen werden, daß sie wachsam war und von sich aus die Beseitigung der Schäden begonnen habe.

Zeitschriften und Zeitungen sind die beiden wichtigsten Mittel zur Beherrschung des Geisteslebens. Aus diesem Grunde wird unsere Regierung das Eigentumsrecht der meisten Zeitungen und Zeitschriften erwerben. Sie wird damit vor allem den schädlichen Einfluß der nicht amtlichen Presse ausschalten

---

26 RUSSISCH *30 listov*; ENGLISCH *300 pages*; FRITSCH »30 Bogen« (S. 37). Diese Formulierung ist vielleicht eine Erinnerungen an die Vorzensur von Druckwerken unter zwanzig Bogen im Vormärz nach den Karlsbader Beschlüssen von 1819.

und auf den Geist und die Stimmung des Volkes in nachhaltigster Weise einwirken. Auf je zehn Zeitungen oder Zeitschriften, die uns fern stehen, werden dreißig kommen, die wir selbst gegründet haben. Das darf natürlich in der Öffentlichkeit nicht bekannt werden. Unsere Zeitungen und Zeitschriften sollen daher äußerlich den verschiedensten Richtungen angehören, sich sogar gegenseitig befehden, um das Vertrauen der ahnungslosen Nichtjuden zu erwerben, sie alle in die Falle zu locken und unschädlich zu machen.

An erster Stelle werden die amtlichen Zeitschriften und Zeitungen stehen, denen die Aufgabe zufallen wird, unsere Interessen in allen Fällen und zu jeder Zeit zu vertreten; ihr Einfluß wird deshalb verhältnismäßig klein sein.

An zweiter Stelle werden die halbamtlichen Blätter kommen, welche die Gleichgültigen und Lauen für uns gewinnen sollen.

An die dritte Stelle werden wir unsere scheinbare Gegnerschaft setzen, die mindestens ein Blatt unterhalten muß, das äußerlich in schärfsten Gegensatz zu uns treten wird. Unsere wirklichen Gegner werden diesen scheinbaren Widerspruch für echt halten; sie werden in den Leuten, von denen er ausgeht, ihre Gesinnungsgenossen sehen und sich ihnen — also uns — offenbaren.

Unsere Zeitungen werden den verschiedensten Richtungen angehören. Wir werden adelige, bürgerliche, freisinnige, sozialistische und selbst umstürzlerische Blätter unterhalten. Sie werden, wie der indische Götze Wischnu, hundert Hände haben, von denen jede den Pulsschlag irgend einer Geistesrichtung fühlen wird. Sobald ein Pulsschlag schneller geht, werden die unsichtbaren Hände die Anhänger dieser Richtung unseren Zielen zu lenken; denn nichts ist leichter zu beeinflussen, als eine erregte Menge, die ohne Überlegung handelt. Jene Dummköpfe, die die Meinung ihres Parteiblattes zu vertreten glauben, werden in Wirklichkeit nur unsere Meinung nach sprechen oder doch wenigstens diejenige Meinung, die uns gerade paßt. Sie bilden sich ein, die Richtlinien ihrer Partei zu verfolgen, und merken nicht, daß sie hinter der Flagge marschieren, die wir ihnen voran tragen.[27]

---

27 Zu Z. 33 (S. 69) bis Z. 29 (S. 70) vgl. JOLY, S. 151, 152, 153/54: »j'entrevois la possibilité de neutraliser la presse par la presse elle-même. Puisque c'est une si grande force que le journalisme, savez-vous ce que ferait mon gouvernement? Il se ferait journaliste, ce serait le journalisme incarné [...]. Je compterai le nombre des journaux qui représenteront ce que vous appelez l'opposition. S'il y en a dix pour l'opposition, j'en aurai vingt pour le gouvernement; s'il y en a vingt, j'en aurait quarante; s'il y en a quarante, j'en aurai quatre-vingts [...] il ne faut pas que la masse du public puisse soupçonner cette tactique [...].
   Comme le dieu Wishnou, ma presse aura cent bras, et ces bras donneront la main à toutes le nuances d'opinion quelconque sur la surface entière du pays. On sera de mon parti sans le savoir. Ceux qui croiront parler leur langue parleront la mienne, ceux qui croiront agiter leur parti agiteront le mien, ceux qui croiront marcher sous leur drapeau marcheront sous le mien«.
   (LEISEGANG, S. 93, 93/94, 94, 95; ENZENSBERGER, S. 153, 153/54, 154, 155: »Ich eröffne

Um unser Zeitungsheer in diesem Sinne zu leiten, müssen wir die Aufgabe mit besonderer Sorgfalt behandeln. Unter dem Namen »Hauptpresseverband« werden wir zahlreiche, meist von uns begründete, Schriftstellervereine zusammen fassen, in denen unsere Leute unmerklich die Losung ausgeben und das große Wort führen werden. In der Beurteilung unserer Bestrebungen werden unsere Blätter immer oberflächlich sein, den Dingen niemals auf den Grund gehen; sie werden mit den amtlichen Blättern einen bloßen Wortkampf führen, um uns zu näheren Ausführungen zu veranlassen, deren sofortige Mitteilung in der ersten amtlichen Bekanntmachung unzweckmäßig erschien. Natürlich soll das nur dann geschehen, wenn es für uns vorteilhaft sein wird.

Die scheinbaren Angriffe auf uns verfolgen noch den Nebenzweck, dem Volke glaubhaft zu machen, daß es die volle Rede- und Preßfreiheit besitzt. Werden wir dann in der uns feindlichen Presse wegen der Unterdrückung des freien Wortes wirklich angegriffen, so haben unsere Vertrauensleute leichtes Spiel. Sie werden sagen, daß diese Blätter unsinnige Behauptungen aufstellen und sich in persönlichen Angriffen ergehen, weil es ihnen an sachlichen Gründen gegen uns und unsere Maßnahmen fehlt.

Da die wirklichen Vorgänge nicht in die Öffentlichkeit dringen, so werden wir durch ein solches Verhalten das Vertrauen des Volkes gewinnen. Gestützt auf dieses Vertrauen werden wir die öffentliche Meinung in allen staatsrechtlichen Fragen je nach Bedarf erregen oder beruhigen, überzeugen oder verwirren. Wir wollen bald die Wahrheit, bald die Lüge, bald Tatsachen, bald Berichtigungen abdrucken, je nachdem, wie die Nachricht aufgenommen wird. Es gehört zu unseren Grundsätzen, den Boden stets vorsichtig abzutasten, bevor wir unseren Fuß auf ihn setzen. Infolge dieser Maßnahmen gegen die Presse werden wir unsere Feinde sicher besiegen; im Ernstfalle werden ihnen keine Blätter zur Verfügung stehen, in denen sie ihre Meinung voll zum Ausdrucke bringen können. Wir werden sogar der Mühe überhoben sein, sie endgültig zu widerlegen.

nun die Möglichkeit, die Presse durch die Presse niederzuhalten. Da der Journalismus eine so große Macht ist, wissen Sie, was meine Regierung tun wird? Sie wird sich selbst journalistisch betätigen, und das wird ein Journalismus, der Hand und Fuß hat. [...] Ich werde die Blätter zählen, die die sogenannte Opposition darstellen. Wenn zehn Zeitungen Opposition machen, werde ich zwanzig haben, die für die Regierung eintreten, wenn zwanzig, dann werde ich vierzig, wenn vierzig, dann werde ich achtzig haben. [...] Denn die große Masse des Volkes darf von dieser Taktik nichts merken. [...].

Wie der Gott Wischnu wird meine Presse hundert Arme haben, und diese Arme werden über das ganze Land hin ihre Hände den Vertretern aller politischen Richtungen reichen. Man wird für mich Partei ergreifen, ohne es zu wissen. Wer da glaubt, seine eigene Sprache zu sprechen, spricht doch nur die meine. Wer da meint, in seinem eigenen Interesse zu agieren, betreibt nur das meine. Alle, die unter ihrer eigenen Fahne zu marschieren glauben, marschieren unter der meinen.«)

Unsere tastenden Vorstöße in den an dritter Stelle stehenden Zeitungen (scheinbare Gegnerschaft) werden wir in den Amtsblättern nötigenfalls kräftig zurück weisen.

Der Zusammenhalt des Freimaurertumes in der Presse der Gegenwart.

Schon jetzt besteht etwa in der Art der französischen Tagesschriftstellerei ein enger Zusammenschluß des Freimaurertumes. Er gipfelt in der Losung: alle Glieder der Presse sind gegenseitig zur Wahrung des Berufsgeheimnisses verpflichtet. Wie bei den alten Wahrsagern darf auch hier kein Glied das Geheimnis seines Berufes preis geben, bevor ein allgemeiner Beschluß zur Veröffentlichung vorliegt. Kein Tagesschriftsteller wird es wagen, gegen diese Bestimmung zu verstoßen, da nur solche Personen zum Berufe zugelassen werden, deren Vergangenheit irgend einen dunklen Punkt aufweist. Dieses Schandmal würde sofort vor aller Öffentlichkeit enthüllt werden, sobald ein Verstoß gegen das Berufsgeheimnis vorliegt. So lange das Schandmal nur wenigen Beteiligten bekannt ist, kann der betreffende Schriftsteller Ruhm und Lorbeeren erwerben und die ahnungslose Menge zur Begeisterung entflammen.[28]

Die Forderungen der Provinzen.

Wir rechnen besonders stark mit der Hilfe der Provinzen. Hier müssen wir solche Feindschaft gegen die Hauptstädte erwecken, daß die Provinzen jederzeit bereit sind, mit uns über die Hauptstädte herzufallen. Den Städtern aber

---

28 Zu Z. 4 bis 16 vgl. JOLY, S. 157/158: »Vous devez savoir que le journalisme est une sorte de franc-maçonnerie: ceux qui en vivent sont tous plus ou moins rattachés les uns aux autres par les liens de la discrétion professionnelle; pareils aux anciens augures, ils ne divulguent pas aisément le secret de leurs oracles. Il ne gagneraient rien à se trahir, car ils ont pour la plupart des plaies plus ou moins honteuses. Il est assez probable, j'en conviens, qu'au centre de la capitale, dans un certain rayon de personnes, ces choses ne seront pas un mystère; mais, partout ailleurs, on ne s'en doutera pas, et la grande majorité de la nation marchera avec la confiance la plus entière sur la trace des guides que je lui aurai donnés«.
(LEISEGANG, S. 97/98; ENZENSBERGER, S. 159/160: »Sie müssen bedenken, daß die Journalisten so etwas wie einen Freimaurerorden bilden. Die Leute, die vom Journalismus leben, sind alle mehr oder weniger aneinander durch durch die Bindungen des Berufsgeheimnisses gefesselt. Wie die Auguren des Altertums verraten sie nicht gern das Geheimnis ihrer Orakelsprüche dem Volke. Sie würden dadurch nichts gewinnen, wenn sie einander verrieten; denn sie haben fast alle ihre mehr oder weniger schwachen Stellen. Ich gebe zu, es ist sehr wahrscheinlich, daß im Zentrum der Hauptstadt in einem bestimmten Kreise von Persönlichkeiten diese Dinge kein Geheimnis sein werden; aber sonst wird man nirgends etwas davon ahnen, und die große Mehrheit des Volkes wird mit vollstem Vertrauen den Führern folgen, die ich ihnen geben werde.«)

werden wir alle Forderungen der Provinzen als selbständige Bestrebungen und Hoffnungen der Volksmassen hinstellen. Es ist klar, daß die Quelle der Unzufriedenheit in Stadt und Land immer die gleiche ist, nämlich unsere Wühlarbeit. So lange wir die nötige Machtfülle noch nicht erlangt haben, brauchen wir manchmal einen Zustand, bei dem die Hauptstädte sich von der Meinung der von uns aufgehetzten Volksmassen umbrandet sehen. Ist der entscheidende Augenblick gekommen, so dürfen die Hauptstädte schon deshalb nicht zur Besinnung über den vollzogenen Staatsstreich kommen, weil die Provinzen, d. h. die Mehrheit des Volkes, ihn gutheißen werden.

Die Unfehlbarkeit der neuen Herrschaft.

In dem Zeitabschnitte der neuen Herrschaft, der unserer Krönung voran geht, werden wir verhindern müssen, daß die Presse die Ehrlosigkeit im öffentlichen Dienste brandmarkt. Es soll vielmehr der Glaube erweckt werden, die neue Herrschaft hätte Alle derart befriedigt, daß keine Veranlassung zu neuen Verbrechen vorläge. Wo Verbrechen hervor treten, da sollen sie nur den Opfern und zufälligen Zeugen bekannt werden, sonst aber Niemand.[29]

---

29 Zu Z. 17 (S. 72) bis Z. 16 (S. 73) vgl. JOLY, S. 158, 160-161: »C'est à la province qu'est réservée la plus grande partie de son influence. Là j'aurai toujours la température d'opinion qui me sera nécessaire, et chacune de mes atteintes y portera sûrement. La presse de province m'appartiendra en entier, car là, point de contradiction ni de discussion possible; du centre d'administration où je siégerai, on transmettra régulièrement au gouverneur de chaque province l'ordre de faire parler les journaux dans tel ou tel sens, si bien qu'à la même heure, sur toute la surface du pays, telle influence sera produite, telle impulsion sera donnée, bien souvent même avant que la capitale s'en doute […]. Elle sera en retard, quand il le faudra, sur le mouvement extérieur qui l'envelopperait, au besoin, à son insu […]. De même que je ne veux pas que le pays puisse être agité par les bruits du dehors, de même je ne veux pas qu'il puisse l'être par les bruits venus du dedans, même par les simples nouvelles privées. Quand il y aura quelque suicide extraordinaire, quelque grosse affaire d'argent trop véreuse, quelque méfait de fonctionnaire public, j'enverrai défendre aux journaux d'en parler«.
(LEISEGANG, S. 98, 100; ENZENSBERGER, S. 160/61, 163: »Der größte Teile ihres Einflusses ist für die Provinz bestimmt. Dort werde ich immer die Temperatur der öffentlichen Meinung haben, die ich gerade brauche, und jede meiner Anregungen wird sicher dorthin gebracht werden. Die Provinzpresse wird mir ganz gehören; denn dort ist gar keine Widerspruch und keine Diskussion möglich. Aus dem Zentrum der Verwaltung, in dem ich sitze, wird man regelmäßig dem Gouverneur jeder Provinz den Befehl übermitteln, die Zeitungen in diesem oder jenem Sinne sprechen zu lassen, so daß zur selben Stunde auf das ganze Land dieser oder jener Einfluß ausgeübt, dieser oder jener Impuls gegeben wird, oft sogar bevor man in der Hauptstadt noch etwas davon ahnt. […] Sie wird im Ernstfalle über eine Bewegung, die draußen entsteht, zu spät unterrichtet sein, und diese Bewegung wird sie mit fortreißen, im Notfalle wider ihren Willen. […] So wie ich nicht möchte, daß das Volk durch die Gerüchte, die aus dem Ausland kommen, beunruhigt wird, will ich auch nicht, daß

Dreizehnte Sitzung

Die Sorge um das tägliche Brot.

Die Sorge um das tägliche Brot zwingt die Nichtjuden, zu schweigen und unsere gehorsamen Diener zu sein. Aus ihrer Zahl suchen wir uns für unsere Presse die geeigneten Leute aus. Ihre Aufgabe besteht darin, Alles das nach unseren Weisungen zu erörtern, was wir in den amtlichen Blättern nicht unmittelbar bringen können. Ist die Streitfrage erst aufgerollt, so können wir die von uns gewünschten Maßnahmen ruhig durchführen und dem ahnungslosen Volk als Erfüllung seiner angeblichen Wünsche darbringen. Niemand wird es wagen, eine Aufhebung oder Abänderung dieser Maßnahmen zu verlangen, da wir dafür sorgen werden, daß sie als Entgegenkommen gegenüber der öffentlichen Meinung und als eine Verbesserung des bisherigen Zustandes erscheinen. Die Presse wird die öffentliche Meinung schnell auf neue Fragen ablenken. Haben wir Juden die Menschen doch gelehrt, sich in der ewigen Sucht nach etwas Neuem zu erschöpfen!

Die Fragen des Staatsrechtes.

Auf die Erörterung dieser neuen Fragen werden sich die hirnlosen nichtjüdischen Leiter der Völkergeschicke stürzen. Sie können noch immer nicht begreifen, daß sie keine Ahnung von den Dingen haben, die sie entscheiden wollen. Die Fragen des Staatsrechtes sind nur Denjenigen zugänglich, die sie schon seit vielen Jahrhunderten künstlich in die Welt gesetzt und ihre Verwirklichung überwacht haben. Das sind ausschließlich wir Juden.

Aus allem Gesagten werden sie ersehen, daß wir nach dem Vertrauen des Volkes nur haschen, um unsere Staatsmaschine leichter in Gang zu bringen. Es kann Ihnen nicht entgangen sein, daß wir nur dann die Zustimmung der öffentlichen Meinung suchen, wenn es sich um bloße Worte handelt, um Fragen, die wir selbst in die Welt gesetzt haben. Tatsächlich tun wir aber, was wir wollen. Selbstverständlich verkünden wir stets, daß wir uns bei allen unseren Maßnahmen von der Überzeugung leiten ließen, dem Allgemeinwohle nach Kräften zu dienen.

> es gestört wird durch die Gerüchte, die sich im Innern gebildet haben, auch nicht durch einfache Nachrichten aus dem Privatleben. Wenn ein außergewöhnlicher Selbstmord passiert, ein allzu anrüchiges Geldgeschäft, bei dem es sich um große Summen handelt, ein Fehltritt eines im öffentlichen Dienste stehenden Beamten, werde ich den Zeitungen verbieten lassen, darüber zu berichten. In dem Schweigen über solche Dinge liegt mehr Achtung vor der Anständigkeit des Volkes als in dem Gerede darüber.«)

Wirtschaftliche Fragen.

Nachdem wir die Massen in staatsrechtlichem Sinne aufgehetzt haben, um mit ihrer Hilfe die nichtjüdischen Regierungen zu bekämpfen, ist es nicht leicht, ihren Tatendrang so lange zu bezähmen, bis der Augenblick zur Verwirklichung unserer Pläne gekommen ist. Wir müssen sie daher von der allzu eifrigen Beschäftigung mit den Fragen der Staatskunst ablenken, ihnen ein neues Tätigkeitsfeld geben. Deshalb haben wir die wirtschaftlichen Fragen in den Vordergrund gerückt und den Massen vorgetäuscht, daß es sich hier im Grunde genommen um den selben Kampf gegen die Unterdrücker und Ausbeuter handele. Mögen sie sich auf diesem schwierigen Gebiete austoben!

Vergnügungen und öffentliche Häuser.

Um dem Volke die wahren Zusammenhänge endgültig zu verbergen und uns vor Entdeckung zu schützen, lenken wir es außerdem durch allerhand Vergnügungen, Spiele, Leidenschaften und öffentliche Häuser ab. Bald werden in unserer Presse Preisausschreiben auf den verschiedensten Gebieten der Kunst und der Kraftspiele, des Sports, erscheinen. Eine solche Fülle von Zerstreuungen und Möglichkeiten der Beschäftigung wird die Gedanken der Masse endgültig von den Fragen ablenken, für deren Verwirklichung wir sonst hart kämpfen müßten. Haben die Menschen allmählich immer mehr die Fähigkeit zum selbständigem Denken verloren, so werden sie uns Alles nach sprechen. Wir Juden werden dann allein neue Gedankenrichtungen hervor bringen, natürlich nur durch solche Persönlichkeiten, die nicht im Verdachte stehen, unseren Vorteil zu vertreten.

Es gibt nur eine Wahrheit.

Sobald unsere Herrschaft anerkannt ist, wird die Rolle der freisinnigen Schwärmer endgültig vorbei sein. Bis dahin werden sie uns die besten Dienste leisten. Deshalb wollen wir auch fernerhin die Gedanken der Masse auf allerhand Ergebnisse abenteuerlicher Lehren lenken, die neu und scheinbar auch fortschrittlich sind. Haben wir doch durch den Fortschritt mit vollem Erfolge die hirnlosen Köpfe der Nichtjuden verdreht. Es gibt unter ihnen keinen Verstand, der es zu erfassen vermöchte, daß dieses Wort in allen Fällen die Wahrheit verdunkelt, wo es sich nicht um wirtschaftliche Erfindungen handelt; denn es gibt nur eine ewige Wahrheit, die keinen Raum für eine Fortschritt läßt. Wie jeder falsche Gedanke, so dient auch der Fortschritt nur zur Verdunkelung der Wahrheit, damit sie von Niemandem außer uns, dem auserwählten Volke Gottes, den Hütern der Wahrheit, erkannt werde.

Die großen Fragen der Menschheit.

Sobald wir zur Herrschaft gelangt sind, werden unsere Redner von den großen Fragen der Menschheit sprechen, welche die Welt in Aufruhr gebracht haben, bis sie schließlich unter unsere wohltätige Leitung kam.

Wer wird dann auf den Verdacht kommen, daß alle diese Fragen von uns nach bestimmten staatsrechtlichen Gesichtspunkten in die Welt gesetzt wurden? Wer wird es für möglich halten, daß Niemand im Laufe vieler Jahrhunderte unser Vorhaben entdeckt hat?

Vierzehnte Sitzung

Der künftige Glaube.

Sobald wir die Weltherrschaft erlangt haben, werden wir keinen anderen Glauben dulden, als allein unseren Glauben an den einigen Gott, der uns auserwählt hat unter den Völkern, damit wir die Geschicke der Welt bestimmen. Aus diesem Grunde müssen wir jeden anderen Gottesglauben zerstören. Sollte dadurch die Zahl der Gottlosen vorübergehend zunehmen, so kann das unseren Zwecken nur dienen. Wir werden auf die Gottlosigkeit der Nichtjuden als abschreckendes Beispiel hin weisen und unsere in sich gefestigte und tief durchdachte Lehre Mose über die ganze Welt ausbreiten. Das wird mit dazu beitragen, uns alle Völker zu unterwerfen. Wir Juden aber werden unseren Erfolg auf die geheimnisvolle Kraft unserer Lehre zurück führen, von der, wie wir sagen werden, alle werbenden und erzieherischen Wirkungen auf die Menschheit ausgehen.

Die künftige Leibeigenschaft.

Um uns im Strahlenkranze der Unfehlbarkeit zu sonnen, werden wir bei jeder Gelegenheit Vergleiche zwischen den Wohltaten unserer Herrschaft und den Mißständen der Vergangenheit anstellen. Wir wollen dabei alle Fehler der nichtjüdischen Regierungen in den grellsten Farben malen und eine solche Abneigung gegen sie erzeugen, daß die Völker sich tausendmal lieber unserer Herrschaft beugen werden, die ihnen Ruhe und Ordnung verbürgt, als länger die viel gerühmte Freiheit genießen, die alle an den Rand des Abgrundes gebracht hat. Die vielen Kriege, ununterbrochenen Aufstände und zwecklosen Staatsumwälzungen, zu denen wir die Nichtjuden veranlaßt haben, um die Grundlagen ihres staatlichen Lebens zu unterwühlen, werden bis dahin allen Völkern derart zuwider sein, daß sie von uns jede Knechtschaft erdulden werden, um nur nicht von neuem in die Greuel des Krieges und des Aufruhrs zu verfallen. Dann werden wir Juden besonders die geschichtlichen Fehler der nichtjüdischen Regierungen unterstreichen; wir werden darauf hin weisen, daß sie die Völker Jahrhunderte lang gequält haben, weil ihnen jedes Verständnis dafür abging, was den Menschen frommt und ihrem wahren Wohle dient: sie haben allerhand abenteuerlichen Plänen einer ausgleichenden gesellschaftlichen Gerechtigkeit nachgejagt und dabei vollkommen übersehen, daß die Beziehungen der einzelnen Gesellschaftsschichten zu einander dadurch nicht besser, sondern schlechter wurden. Wir werden uns in bewußten Gegensatz zu der zerfallenen alten Gesellschaftsordnung stellen und daraus die werbende Kraft für unsere Grundsätze und Maßnahmen schöpfen.

Die Geheimnisse des künftigen Glaubens.

Unsere Denker werden alle Fehler und Unzulänglichkeiten der nichtjüdischen Glaubensbekenntnisse aufdecken. Niemals wird aber ein Nichtjude imstande sein, in die tiefen Geheimnisse unserer Lehre einzudringen, denn sie ist für jeden Nichteingeweihten ein Buch mit sieben Siegeln. Wer aber eingeweiht ist, der wird es niemals wagen, die Geheimnisse unseres Glaubens einem Unberufenen preiszugeben.

Unsittliches Schrifttum und künftige Schriftstellerei.

In den sogenannten führenden Staaten haben wir ein geistloses, schmutziges, widerwärtiges Schrifttum geschaffen. Wir werden diese Richtung noch einige Zeit nach der Erlangung der Weltherrschaft begünstigen. Um so schärfer wird dann der Gegensatz unserer erhabenen staatsrechtlichen Pläne und Reden hervor treten. Unsere führenden Männer, die wir zur Leitung der Nichtjuden heran gebildet haben, werden plötzlich mit einer Fülle wohlbedachter Pläne, Reden, Aufsätze, Flugschriften usw. die öffentliche Meinung im Fluge für uns und unsere Pläne erorbern. Dann ist die Welt uns endgültig verfallen.

Fünfzehnte Sitzung

Gleichzeitiger Umsturz in der ganzen Welt.

Es wird noch viel Zeit, vielleicht sogar ein ganzes Jahrhundert, vergehen, bis der von uns in allen Staaten für ein und denselben Tag vorbereitete Umsturz zum Ziele führt und die völlige Unfähigkeit aller bestehenden Regierungen allgemein anerkannt ist. Haben wir endlich die volle Herrschaft erlangt, so werden wir dafür zu sorgen wissen, daß gegen uns keinerlei Verschwörungen stattfinden können.

Die Strafen.

Wir werden jeden unbarmherzig hinrichten lassen, der sich mit der Waffe in der Hand gegen uns und unsere Herrschaft auflehnt. Jede Gründung irgend eines neuen Geheimbundes wird ebenfalls mit dem Tode bestraft werden. Die jetzt bestehenden Geheimbunde, die uns alle wohl bekannt sind und uns gute Dienste geleistet haben und noch leisten, werden wir sämtlich auflösen. Ihre Mitglieder sollen in weit von Europa entfernte Erdteile verbannt werden.

Das Los der nichtjüdischen Freimaurer.

So werden wir vor allem mit denjenigen nichtjüdischen Freimaurern verfahren, die zu tief in die Geheimnisse unserer Logen eingedrungen sind. Wer aber aus irgend einem Grunde von uns begnadigt wird, muß in ständiger Angst vor der Ausweisung leben. Er wird sich daher hüten, etwas zu verraten. Wir werden ein Gesetz erlassen, nach dem alle früheren Mitglieder geheimer Gesellschaften aus Europa — dem Hauptsitze unserer Regierung — ausgewiesen werden. Alle Entscheidungen unserer Regierung werden endgültig sein. Eine Berufung werden wir nicht zulassen.

Das Geheimnisvolle aller Macht.

Die nichtjüdische Gesellschaft, in der wir die Mächte der Zwietracht und des Widerspruches groß gezogen haben, kann nur durch schonungslose Maßnahmen wieder zur Ruhe und Ordnung gebracht werden. Es darf kein Zweifel darüber bestehen, daß die Regierung jederzeit imstande ist, ihren Willen mit eiserner Hand durchzuführen. Dann kommt es auf die Opfer, die das künftige Wohl erfordert, überhaupt nicht an. Es ist vielmehr verdammte Pflicht und Schuldigkeit jeder Regierung, das allgemeine Wohl nötigenfalls auch durch Opfer zu sichern. Denn nicht in den Vorrechten, sondern in den Pflichten beruht die Daseinsberechtigung jeder Regierung. Je mehr eine Regierung es versteht, sich mit dem Strahlenkranz einer vollkommen gefestigten Machtstellung zu umgeben, um so unerschütterlicher steht sie da. Das höchste Maß eines hehren und unerschütterlichen Machtbewußtseins kann aber nur erreicht werden, wenn sein Ursprung auf das Walten geheimnisvoller Kräfte, wie die Auserwählten durch Gott, zurück geführt wird. Solche Macht stellte bis in die letzte Zeit die Selbstherrschaft der russischen Zaren dar, abgesehen vom Papsttum — unser einziger ernsthafter Feind in der Welt. Gedenken Sie, meine Herren, des Beispieles eines Sulla, dem das von Blut triefende Italien kein Haar krümmte, obwohl er eine ungeheure Blutschuld auf sich geladen hatte. Sulla wurde von demselben Volke vergöttert, das er auf das Schwerste gepeinigt hatte, weil er eine Machtvollkommenheit sonder Gleichen zu entwickeln verstand. Seine Rückkehr nach Italien machte ihn unverletzlich[30]. Kein Volk vergreift sich an dem, der es durch Tapferkeit und Geisteskraft in seinen Bann zu schlagen weiß.

Die Vermehrung der Freimaurerlogen.

So lange wir noch nicht zur Herrschaft gelangt sind, müssen wir vorläufig, im Gegensatz zu den vorhin entwickelten Grundsätzen, in der ganzen Welt die Zahl der Freimaurerlogen möglichst vermehren. Wir werden den Einfluß der Logen dadurch verstärken, daß wir ihnen alle Persönlichkeiten zuführen, die in der Öffentlichkeit eine hervorragende Rolle spielen oder doch wenigstens spielen könnten. Denn wir sehen in den Logen ein Hauptmittel zur Verbreitung unserer Lehren und zur Verwirklichung unserer Ziele.

Die Hauptleitung der jüdischen Weisen.

Alle Logen fassen wir unter einer Hauptleitung zusammen, die nur uns bekannt ist, allen Anderen aber verborgen bleibt, nämlich unter der Hauptleitung unserer Weisen. Die Logen werden ihren Vorsitzenden haben, der es verstehen muß, die geheimen Weisungen der Hauptleitung durch seine Person zu decken. In diesen Logen werden die Fäden aller umstürzlerischen und freisinnigen Bestrebungen zusammen laufen. Die Logenmitglieder werden den verschiedensten Gesellschaftskreisen angehören. Die geheimsten Pläne der Staatskunst werden uns am Tage ihrer Entstehung bekannt werden und sofort unserer Leitung verfallen.

Das Spitzeltum.

Zu den Mitgliedern der Logen werden fast alle Polizeispitzel der Welt gehören, deren Tätigkeit für uns ganz unentbehrlich ist. Die Polizei ist vielfach nicht nur in der Lage, willkürlich gegen Diejenigen vorzugehen, die sich uns nicht unterwerfen wollen; sie kann auch die Spuren unserer Handlungen verwischen, Vorwände zur Unzufriedenheit bieten usw.

---

30 Die Anspielung auf Sulla stammt aus JOLY, S. 171: »Après avoir couvert de sang l'Italie, Sylla put reparaître dans Rome en simple particulier; personne ne toucha un cheveu de sa tête«. (LEISEGANG, S. 106/07; ENZENSBERGER, S. 174: »Sulla konnte, nachdem er Italien mit Blut überschwemmt hatte, in Rom wieder als einfacher Privatmann erscheinen, ohne daß ihm auch nur ein Haar gekrümmt wurde.«)

Das Freimaurertum als Leiter aller Geheimbünde.

In die Geheimbünde treten mit besonderer Vorliebe Abenteurer, Schwindler, Streber und überhaupt Leute ein, die ein weites Gewissen haben und von Natur leichtsinnig veranlagt sind. Es kann uns nicht schwer fallen, diese Kreise für uns zu gewinnen und unseren Zwecken dienstbar zu machen. Wenn die Welt von Unruhen geplagt wird, so heißt das, daß wir diese Unruhen hervor rufen mußten, um das allzu feste Gefüge der nichtjüdischen Staaten zu zerstören. Kommt es irgend wo zu einer Verschwörung, so steht an der Spitze derselben sicher kein Anderer, als einer unserer treuesten Diener. Es versteht sich von selbst, daß wir Juden allein und sonst Niemand die Tätigkeit der Freimaurerlogen leiten. Wir allein wissen, welchem Ziele sie zusteuern, wir allein kennen den Endzweck jeder Handlung. Die Nichtjuden dagegen haben keine Ahnung von diesen Dingen, sie sehen nur das Nächstliegende, Unmittelbare, und sind gewöhnlich mit der augenblicklichen Befriedigung ihrer Eigenliebe bei der Ausführung eines Vorhabens zufrieden. Um die Wirkungen kümmern sie sich meist nicht. Eben so wenig merken sie, daß der Gedanke zur Tat nicht von ihnen selbst stammt, sondern auf unsere Einflüsterungen zurück zu führen ist.

Die Bedeutung des öffentlichen Erfolges.

Die Nichtjuden treten gewöhnlich aus Neugierde in die Logen ein. Viele hoffen auch, mit Hilfe der Logen einflußreiche Stellungen zu erlangen. Einzelnen treibt das Verlangen, vor einem größeren Zuhörerkeis ihre unerfüllbaren und haltlosen Träume auszusprechen; sie lechzen nach Beifall und Händeklatschen, mit denen wir natürlich sehr freigiebig sind. Wir gönnen und gewähren ihnen gern solche Erfolge, um die aus ihnen entspringende Selbstüberhebung für unsere Zwecke auszunutzen. Denn niemals sind die Menschen vertrauensseliger, als wenn der öffentliche Erfolg ihnen den klaren Blick getrübt hat. Das ist der rechte Augenblick, um sie für unsere Ziele zu gewinnen; dann fallen sie auf alles herein und sind sogar noch felsenfest davon überzeugt, selber die leitenden Gedanken hervor gebracht zu haben. Sie können es sich gar nicht vorstellen, meine Herren, wie leicht es ist, selbst die klügsten Nichtjuden an der Nase herum zu führen, wenn sie sich in dem Zustande der Selbstüberhebung befinden; sie sind dann von einer so kindischen Einfalt, daß schon der geringste Mißerfolg, etwa das Aussetzen des Beifallklatschens, genügt, um sie zu einem knechtischen Gehorsam gegen Jeden zu bewegen, der ihnen neuen Erfolg verspricht. *Während wir Juden den äußeren Erfolg verachten und all' unser Sinnen und Trachten darauf einstellen, unsere Pläne durchzuführen, sind die Nichtjuden im Gegenteile bereit, alle Pläne zu opfern, wenn sie nur den geringsten äußeren Erfolg einheimsen können.* Diese seelische Veranlagung der Nichtjuden erleichtert uns ungemein die Aufgabe, sie nach unseren Zwecken zu lenken.

Diese Tiger von Gestalt haben lammfromme Seelen; in ihren Köpfen aber weht der Zugwind. Wir haben sie aufs hohe Roß gesetzt und ihnen vor gemacht, daß die einzelne Persönlichkeit aufgehen müsse im Begriffe der Gesamtheit, dem sogenannten Kommunismus.[31]

Der Kommunismus.

Den Nichtjuden geht offenbar die Fähigkeit ab, zu erkennen, daß der Gedanke der allgemeinen Gleichmacherei gegen das oberste Gesetz der Natur verstößt, die seit der Schöpfung der Welt verschieden geartete Wesen und Menschen hervor bringt und der Persönlichkeit eine entscheidende Rolle zuspricht. Wenn es uns gelungen ist, die Nichtjuden derart zu verblenden, so zeigt das doch mit überraschender Deutlichkeit, daß ihr Verstand sich in keiner Weise mit dem unsrigen messen kann. Das ist die beste Bürgschaft für unseren Erfolg.

Die Opfer.

Wie scharfsinnig ist doch der Ausspruch unserer alten Weisen, daß ein großes Ziel nur dann erreicht werden kann, wenn man in der Wahl der Mittel nicht wählerisch ist und die Opfer nicht zählt, die zur Strecke gebracht werden. Wir haben die Opfer vom viehischen Samen der Nichtjuden niemals gezählt, mußten freilich auch viele der Unsrigen opfern. Dafür haben wir Juden schon jetzt eine Stellung in der Welt erreicht, auf die wir in unseren kühnsten Träumen nicht zu hoffen wagten. Mit verhältnismäßig geringen Opfern aus der Zahl der Unsrigen haben wir unser Volk vor dem Untergange bewahrt.

Die Strafen der Freimaurer.

Der Tod ist das unvermeidliche Ende aller Menschen. Daher ist es besser, dieses Ende für Diejenigen zu beschleunigen, die unserer Sache schaden, als zu warten, bis es auch uns, die Schöpfer des Werkes, trifft. *In den Freimaurerlogen vollziehen wir die Strafen in einer Weise, daß Niemand, außer den Glaubensbrüdern, den geringsten Verdacht schöpfen kann, nicht einmal die Todesopfer selber: sie alle sterben, wenn es nötig ist, scheinbar eines natürlichen Todes.* Da das den Glaubensbrüdern bekannt ist, so wagen sie es nicht, irgend welchen Einspruch zu erheben. Mit solchen unerbittlichen Strafen haben wir innerhalb der Logen jeden Widerspruch gegen unsere Anordnungen im Keime erstickt. Während wir den Nichtjuden den Freisinn predigen, halten wir gleichzeitig unser Volk und unsere Vertrauensmänner in strengstem Gehorsame.

---

31 Das Wort fehlt in ENGLISCH und bei FRITSCH (S. 45). RUSSISCH *kollektivizm*.

Gesetz und Macht der Nichtjuden verlieren an Ansehen.

Wir haben es verstanden, die Durchführung der nichtjüdischen Gesetze auf ein Mindestmaß zu beschränken. Infolge unserer freisinnigen Auslegungen der Gesetze haben diese an Ansehen verloren. In den wichtigsten staatsrechtlichen Fragen und sonstigen Streitfällen von grundsätzlicher Bedeutung entscheiden die Gerichte so, wie wir es ihnen vorschreiben. Sie sehen die Dinge in derselben Beleuchtung, in der wir sie der nichtjüdischen Verwaltung gegenüber darstellen, natürlich nur durch Mittelspersonen, mit denen wir scheinbar nicht die geringsten Berührungspunkte haben, durch Presseäußerungen oder auf sonstigen Wegen ... Selbst Mitglieder des Senates und höhere Verwaltungsbeamte folgen blindlings unseren Ratschlägen. Der viehische Verstand der Nichtjuden ist zur Zergliederung eines Begriffes und zur Beobachtung überhaupt nicht fähig; um so weniger können sie voraus sehen, welche weit gehenden Schlußfolgerungen sich an gewisse Entscheidungen anknüpfen lassen.

Das auserwählte Volk.

Die tief greifenden Unterschiede in der geistigen Veranlagung der Juden und Nichtjuden zeigen deutlich, daß wir Juden das auserwählte Volk sind. Von unseren Stirnen strahlt hohe Geistskraft, während die Nichtjuden nur einen triebmäßigen, viehischen Verstand haben. Sie können wohl sehen, aber nicht voraus schauen; sie sind unfähig, etwas zu erfinden, ausgenommen rein körperliche Dinge. Daraus geht klar hervor, daß die Natur selbst uns zur Herrschaft über die ganze Welt voraus bestimmt hat.

Die Gesetze des Zukunftsreiches werden kurz und klar sein.

Sobald die Zeit gekommen sein wird, in der wir offen die Weltherrschaft ergreifen, werden wir die wohltätige Wirkung unserer Regierung durch eine völlige Umgestaltung der Gesetze erweisen: unsere Gesetze werden kurz, klar und unabänderlich sein; wir werden keinerlei Deutungen der Gesetze zulassen, so daß Jeder imstande sein wird, sie seinem Gedächtnisse fest einzuprägen.

Der Gehorsam gegenüber der Obrigkeit.

Der hervorstehendeste Zug unserer Gesetze wird das Verlangen eines unbedingten Gehorsams gegenüber der Obrigkeit sein. Wir werden dieses Verlangen mit einer überwältigender Strenge durchzuführen wissen, vor Allem in dem Verhältnisse der Beamten zu einander. Dann wird der Mißbrauch der Amtsgewalt allmählich ganz aufhören.

Maßnahmen gegen den Mißbrauch der Amtsgewalt.

Alle höheren Beamten werden dem Vertreter der höchsten Regierungsgewalt verantwortlich sein. Der Mißbrauch der Amtsgewalt seitens der mittleren und niederen Beamten wird mit einer so unnachsichtigen Strenge bestraft werden, daß Jedem die Lust vergehen wird, seine Machtbefugnisse zu überschreiten. Wir werden die Tätigkeit der Verwaltungsbeamten, die den geregelten Gang der Staatsmaschine aufrecht zu erhalten haben, mit der größten Aufmerksamkeit verfolgen; wenn hier Bestechlichkeit und Zuchtlosigkeit um sich gegriffen haben, so müssen sie bald zu einer allgemeinen Erscheinung werden; daher wird jeder Fall von Gesetzwidrigkeit oder Mißbrauch der Amtsgewalt von uns mit vorbildlicher Strenge bestraft werden.

Die Härte der Strafen.

Jede Vertuschung, jede gegenseitige Duldung von Amtsvergehen wird sofort aufhören, sobald die ersten Beispiele einer harten Bestrafung der Schuldigen vorliegen. Das Ansehen unserer Macht verlangt zweckmäßige, d. h. also härteste Strafen für das geringste Amtsvergehen, dessen Triebfeder persönliche Vorteile waren. Wenn auch der Einzelne vielleicht härter bestraft werden wird, als er es verdient, so ist er doch dem Soldaten zu vergleichen, der auf dem Felde der inneren Verwaltung für das Ansehen von Gesetz und Macht gefallen ist. Denn beide können von den Lenkern des Staatswagens, den Beamten, nicht die geringste Abweichung vom geraden Wege des öffentlichen Wohles in die krummen Seitengassen der persönlichen Vorteile dulden. Ein Beispiel: Unsere Richter werden wissen, daß sie den obersten Grundsatz der Gerechtigkeit verletzen, wenn sie in ihren Urteilen eine allzu große Milde walten lassen; die Rechtsprechung soll die Menschen lehren, auf dem rechten Wege zu bleiben, indem sie für jedes Vergehen als abschreckendes Beispiel die nötige Strafe findet; sie ist nicht dazu da, das weiche Gemüt des Richters zu offenbaren. Diese Eigenschaften mögen im häuslichen Leben am Platze sein, bei der Ausübung eines öffentlichen Dienstes dürfen sie nicht hervor gekehrt werden, sonst gehen die erzieherischen Wirkungen des öffentlichen Lebens völlig verloren.

Die Altersgrenze der Richter.

Unsere Richter werden nur bis zum 55. Lebensjahre im Amte bleiben und dann zur Ruhe gesetzt werden. Das wollen wir aus zwei Gründen durchführen: erstens deshalb, weil alte Leute hartnäckiger an vorgefaßten Meinungen fest halten und minder fähig sind, sich neuen Anordnungen zu fügen als junge Menschen; zweitens, weil wir durch eine solche Maßnahme in die Lage versetzt werden, die Stellen häufiger neu zu besetzen und die Richter in einer größeren Abhängigkeit von uns zu halten: wer auf seinem Posten bleiben will, der wird uns blind gehorchen müssen.

Der Freisinn der Richter und der sonstigen höheren Beamten.

Wir werden überhaupt nur solche Richter zulassen, die genau wissen, daß ihre Aufgabe darin besteht, die Gesetze anzuwenden und zu strafen, nicht aber ihre freisinnigen Anschauungen auf Kosten der erzieherischen Wirkung der Staatshoheit zur Anwendung zu bringen, wie es jetzt viele nichtjüdische Richter tun. Der häufige Stellenwechsel der Beamten wird für uns auch den Vorteil haben, daß der Zusammenhalt und die Geschlossenheit des alt eingesessenen Beamtentumes und seiner Standesvertretungen gesprengt wird. Der Beamte der Zukunft wird sich wieder mehr als Vertreter des Staates, denn als Vertreter eines bestimmten Standes fühlen, da sein Geschick ganz von der Staatsleitung abhängen wird. Der junge Nachwuchs des Richterstandes wird von uns in der Anschauung erzogen werden, daß es vor Allem darauf ankomme, die einmal festgesetzten Abhängigkeits-Verhältnisse unserer Untertanen zu einander und zu uns voll aufrecht zu erhalten und jede Gefährdung derselben streng zu bestrafen.

Die jetzigen nichtjüdischen Richter geben sich die erdenklichste Mühe, alle Verbrechen und Vergehen so milde, wie nur möglich, zu beurteilen. Sie haben überhaupt keine richtige Vorstellung von ihren Aufgaben, weil die jetzigen Staatsleiter sich bei der Bestallung der Richter nicht die Mühe machen, ihnen das Gefühl der Pflicht und Verantwortlichkeit einzuprägen und die Erkenntnis der Aufgaben zu erschließen, die sie tatsächlich zu erfüllen haben. Wie das Tier seine Jungen auf Beute ausschickt, so geben auch die Nichtjuden ihren Anhängern einträgliche Stellungen, ohne sie darüber aufzuklären, wozu diese eigentlich geschaffen sind. Daher wird die Stellung der nichtjüdischen Regierungen durch die Tätigkeit ihrer eigenen Beamten untergraben. Es ist die reinste Selbstvernichtung.

Unsere Regierung wird den Freisinn grundsätzlich aus allen wichtigen Stellungen vertreiben, deren Inhaber mit dem Volk in Berührung kommen und die Massen im Gehorsam gegen uns und unsere Gesellschaftsordnung erziehen sollen. Auf solche Stellen werden wird nur noch unsere zuverlässigsten Anhänger berufen, die wir selbst für den höheren Verwaltungsdienst heran gebildet haben.

Das Weltgeld.

Auf den immerhin möglichen Einwand, daß die Versetzung der alten Beamten in den Ruhestand dem Staat allzu große Kosten verursachen wird, erwidere ich zweierlei. *Erstens* liegt die Möglichkeit vor, den alten Beamten als Ersatz für das verlorene Amt vorläufig eine nicht öffentliche Tätigkeit zu erschließen.

Zweitens werden wir über alles Geld der Welt verfügen. Unsere Regierung ist wirklich die letzte, die irgend welche Kosten zu scheuen hat, wenn es sich um die Durchführung wichtiger Maßnahmen handelt, die uns dem Hauptziele näher bringen.

Die selbstherrliche Gewalt der jüdischen Logen.

Wir werden eine unbedingt selbstherrliche Gewalt ausüben, die in allen ihren Äußerungen eine strenge Folgerichtigkeit aufweisen soll. Darum wird unser erhabener Wille in jedem einzelnen Falle geachtet und unweigerlich durchgeführt werden. Über jedes Murren, jede Unzufriedenheit können wir uns ruhig hinweg setzen; wer sich aber zu Handlungen gegen uns hinreißen läßt, den soll die volle Strenge der Gesetze treffen.

Das Berufungsrecht.

Wir werden das Berufungsrecht aufheben, da beim Volke die Meinung nicht aufkommen darf, daß die von uns bestellten Richter falsche oder unrichtige Urteile fällen können. Sollte etwas Derartiges vorkommen, so werden wir selbst das Urteil aufheben, gleichzeitig aber den Richter für die Verletzung seiner Amtspflichten so hart bestrafen, daß der Fall sich nicht wiederholen dürfte. Das Recht, ein Urteil aufzuheben, wird ausschließlich uns zustehen. Falsche Urteile können uns nicht verborgen bleiben, da wir jeden Schritt unserer Beamten genau verfolgen werden. Wenn das Volk erst merkt, daß die Willkür der Beamten ein Ende hat, daß sie scharf überwacht und nötigenfalls auch gestraft werden, dann wird es mit uns zufrieden sein. Es ist ein durchaus berechtigtes Verlangen, daß eine gute Regierung auch bei der Besetzung der untergeordneten Stellen die größte Sorgfalt walten läßt.

Der altväterliche Schein der Regierung unseres Weltherrschers.

Unsere Regierung wird in der Person unseres künftigen Weltherrschers den Schein altväterlicher Sorge um das Wohl und Wehe unserer Untertanen annehmen. Unser Volk und unsere Untertanen werden in ihm einen Vater sehen, der sich um alles kümmert, über alles unterrichtet ist, jede Notlage zu verbessern sucht und die Beziehungen der Untertanen zu einander und zu ihm selbst, dem höchsten Herrscher, mit liebevoller Sorge überwacht.

Die Vergötterung unseres Weltherrschers.

Dann werden sie von dem Gedanken durchdrungen sein, daß sie ohne diese väterliche Obhut und Sorge nicht auskommen können, wenn sie in Ruhe und Frieden leben wollen; sie werden die unumschränkte Gewalt unseres Selbstherrschers anerkennen und mit einer Verehrung zu ihm aufblicken, die an

Vergötterung grenzt; besonders, wenn sie merken, daß unsere Beamten ihre Gewalt nicht mißbrauchen können, sondern blindlings seinen Befehlen gehorchen müssen. Sie werden froh sein, daß wir ihr Leben so geregelt haben, wie es kluge Eltern tun, die ihre Kinder zu Pflicht und Gehorsam erziehen. Bleiben doch die Völker und ihre Regierungen gegenüber den Geheimnissen unserer Staatskunst ewig in der Rolle unmündiger Kinder.

Das Recht des Stärkeren als einziges Recht.

Wie Sie sehen, meine Herren, begründe ich unsere unumschränkte Gewalt auf Recht und Pflicht. Dieses Recht, die Erfüllung der Pflicht zu erzwingen, ist eine Hauptaufgabe der Regierung, die ihren Untertanen gegenüber dieselbe Stellung einnimmt, wie der Vater gegenüber seinen Kindern. Ihr wurde das Recht des Stärkeren verliehen, damit sie die Menscheit zu ihrem eigenen Besten dem von der Natur gewollten Zustande der gegenseitigen Unterordnung zuführe. Alles in der Welt ist von irgend etwas abhängig: wenn nicht von den Menschen, so doch von den Umständen oder den eigenen Trieben, auf jeden Fall aber vom Stärkeren. So wollen wir denn zum Wohle des Ganzen die Stärkeren sein.

Wir sind verpflichtet, einzelne Persönlichkeiten, welche die festgesetzte Weltordnung stören, unbedenklich zu opfern. In der vorbildlichen Bestrafung des Bösen liegt eine große erzieherische Aufgabe, die wir unbedingt erfüllen müssen.

Der König der Juden als Stammvater (Patriarch) der Welt.

Wenn der König der Juden auf sein geheiligtes Haupt die Krone setzen wird, die Europa ihm anbieten muß, dann wird er der Stammvater, der Patriarch, der ganzen Welt sein. Das wird natürlich Opfer kosten, aber wir werden die Richtigen zu treffen wissen, sodaß die Zahl derer, die notwendigerweise fallen müssen, verhältnismäßig klein bleiben wird. Niemals wird sie an die schweren Blutopfer heran reichen, welche Großmannssucht und gegenseitigen Wettbewerb unter den nichtjüdischen Regierungen der Menschheit im Laufe vieler Jahrhunderte auferlegt haben.

Unser König wird in ständiger Berührung mit dem Volke stehen. Er wird vor dasselbe hin treten und ihm Reden halten, deren Ruhm sich blitzschnell von Mund zu Mund über die ganze Welt ausbreiten soll.

Sechzehnte Sitzung

Die Unschädlichmachung der Hochschulen.

Da wir jeden Zusammenschluß der Kräfte, außer den unserigen, zerstören wollen, so müssen wir vor Allem die Verfassung der Hochschulen von Grund auf verändern. Bilden doch gerade diese geistigen Hochburgen mit ihrer Lehrfreiheit eine ernste Gefahr für unsere Bestrebungen. Wir werden daher die Lehrfreiheit aufheben und sowohl den Verwaltungsbehörden als auch den Lehrkörpern der Hochschulen ausführliche geheime Vorschriften darüber erteilen, wie sie sich in den einzelnen Fragen zu verhalten haben. Die geringste Verletzung dieser Vorschriften wird streng bestraft werden. Bei der Ernennung der Hochschullehrer werden wir die größte Vorsicht walten lassen und sie in völliger Abhängigkeit von der Regierung, d. h. von uns, halten.

Aus dem Lehrplane werden wir das Staatsrecht und überhaupt Alles, was staatsrechtliche Fragen betrifft, ausschließen. Diese Fächer sollen nur vor einem kleinen Kreise besonders befähigter Personen gelehrt werden, die wir aus der Zahl der Eingeweihten aussuchen werden. Die Hochschulen sollen nicht Gelbschnäbel entlassen, die bereit sind, eine Verfassung wie ein Schaustück zusammen zu kleistern, und sich Wunder was darauf einbilden, daß sie ein paar oberflächliche Vorlesungen über Staatsrecht gehört haben. Tatsächlich verstehen sie davon ebenso wenig, wie ihre Väter, die in staatsrechtlichen Fragen auch weder ein noch aus wußten.

Die oberflächliche Beschäftigung eines großen Zuhörerkreises mit staatsrechtlichen Fragen kann bei der bisher üblichen Bevorzugung einer bestimmten freisinnigen Richtung nur Schwärmer und schlechte Staatsbürger erzeugen. Die schlimmen Folgen, meine Herren, sehen Sie an dem Beispiele der Nichtjuden, die alle in dieser Richtung erzogen werden. Wir mußten diesen Keim des Umsturzes in ihre Erziehung hinein tragen, und wir haben damit glänzende Erfolge erzielt. Sobald wir aber zur Herrschaft gelangt sind, werden wir aus dem Lehrplan Alles streichen, was irgend wie zersetzend wirken kann, und die Jugend zu treuen Staatsbürgern heran ziehen, die in der Regierung, d. h. in uns, eine Bürgschaft für Ruhe und Ordnung sieht.

Der Ersatz der humanistischen Bildung.

An Stelle des Humanismus und der Erlernung der alten Geschichte, die weit mehr schlechte, als gute Beispiele bietet, werden wir die Beschäftigung mit den Richtlinien der Zukunft in den Vordergrund rücken. Wir werden aus dem Gedächtnisse der Menschheit alle Tatsachen der Geschichte streichen, die uns unbequem sind, und nur diejenigen übrig lassen, bei denen die Fehler der nichtjüdischen Regierungen besonders hervor treten. In unserem Lehrplane werden die Fragen des praktischen Lebens eine besondere Rolle spielen. Wir werden von der notwendigen gesellschaftlichen Ordnung, von den Beziehungen der Menschen zu einander, von der Bekämpfung der Selbstsucht, eines der Hauptübel der Menschheit, und ähnlichen erzieherischen Fragen reden. Ein besonderes Merkmal unseres Unterrichtes wird die Standesschule sein: wir werden für jeden Stand einen besonderen Lehrplan entwerfen und die Bildung unter keinen Umständen verallgemeinern. Diese Regelung des Unterrichtswesens ist für uns von besonderer Bedeutung.

Erziehungs- und Standesfragen.

Jeder Stand muß entsprechend seiner Bedeutung und Berufsarbeit eine streng abgeschlossene Erziehung und Bildung erhalten. Hervorragend begabte Menschen haben es immer verstanden und werden es auch in Zukunft verstehen, sich aus ärmlichen Verhältnissen in einen höheren Stand oder Beruf empor zu schwingen. Es ist aber eine völlige Torheit, wegen dieser vereinzelten Ausnahmen die höheren Berufe mit einer Menge minder begabter Personen überschwemmen zu lassen, die den ganzen Stand herab drücken und Denjenigen das Leben erschweren, die nach Geburt und Bildung Anspruch auf eine besondere Berücksichtigung haben. Sie wissen selbst, meine Herren, welche schlimmen Folgen diese himmelschreiende Ungerechtigkeit für die Nichtjuden gehabt hat.

Die Werbetätigkeit der Schule für unseren Weltherrscher.

Damit unser Weltherrscher sich die Herzen und Sinne der Jugend und des ganzen Volkes erobert, müssen wir in den Schulen und auf den Plätzen eine rege Werbetätigkeit für ihn entfalten: ist er selbst verhindert, zu sprechen, so müssen wir um so eifriger von seiner Bedeutung, seiner unermüdlichen Arbeit, seinen Wohltaten sprechen.

Die Beseitigung der Lehrfreiheit.

Wir werden jede Lehrfreiheit beseitigen. Die Schüler sollen das Recht haben, sich mit ihren Verwandten in den Schulen, wie in Vereinshäusern, zu versammeln. Während dieser Versammlungen, die zweckmäßig an den Feiertagen stattfinden sollen, werden die Lehrer scheinbar freie Vorlesungen über die Beziehungen der Menschen zu einander, die schlimmen Folgen einer sinnlosen Störung der bestehenden Gesellschaftsordnung, die nachahmenswerten Beispiele von Zucht und Ordnung und ähnliche Fragen halten.

Die neuen Lehren.

Allmählich werden die Vorlesungen auf ihren eigentlichen Gegenstand: die großen, der Menschheit bisher noch nicht enthüllten Lehren der neuen Zeit übergehen. Diese Lehren werden in Glaubenssätze ausmünden, die wir als

Übergangsstufe zu unserem jüdischen Glauben betrachten. Nach Beendigung meiner Ausführungen über die Grundsätze unseres Vorgehens in der Gegenwart und Zukunft, werde ich Ihnen die Begründung dieser Glaubenssätze verlesen.

Die Unabhängigkeit der Meinung.

Eine Jahrhunderte lange Erfahrung hat uns gelehrt, daß die Menschen sich in ihren Handlungen von gewissen Grundsätzen und Gedanken leiten lassen, die ihnen durch die Erziehung vermittelt werden. Wir haben ferner erkannt, daß diese Erziehung sich auf alle Altersstufen ausdehnen läßt, wenn man es nur versteht, bei jedem Alter das entsprechende Verfahren anzuwenden. Aus dieser reichen Lebenserfahrung heraus wird es uns sicher gelingen, auch das letzte Aufflackern einer selbständigen Meinung für unsere Zwecke zu ersticken, nachdem wir schon lange die öffentliche Meinung in der für uns nötigen Richtung erzogen haben.

Der Anschauungsunterricht.

Die Knechtung des Denkvermögens kommt bei dem sogenannten Anschauungsunterrichte schon zur Anwendung. Seine Hauptaufgabe besteht darin, die Nichtjuden in eine Herde denkfauler gehorsamer Tiere zu verwandeln, die eine Sache erst verstehen können, wenn man sie ihnen im Bilde vorführt, dann aber auch blindlings daran glauben. In Frankreich hat einer unserer besten Vertrauensmänner, Bourgeois,[32] sich schon nachdrücklichst für den Anschauungsunterricht verwandt, auf dem er einen ganz neuen Lehrplan aufbauen will.

Siebenzehnte Sitzung

Die Rechtsanwälte.

Der Beruf der Rechtsanwälte schafft kaltherzige, grausame, hartnäckige Menschen, die keine Grundsätze haben. Sie stellen sich in allen Fragen auf einen unpersönlichen, rein geschäftsmäßigen Standpunkt, weisen gewöhnlich Niemand ab, der zu ihnen kommt, auch wenn seine Sache noch so anrüchig ist,

---

32 Der französische Politiker Léon Bourgeois (1851-1925), Ministerpräsident 1895-1896, versuchte, den Schulunterricht zu demokratisieren. Später kämpfte er für den Völkerbund, bei dem er Hauptvertreter Frankreichs wurde. 1920 wurde ihm der Friedensnobelpreis verliehen. Vgl. COHN, S. 129-130.

und suchen ihren Auftraggeber dann um jeden Preis durch allerhand Winkelzüge und Spitzfindigkeiten vor der gerechten Strafe zu schützen oder ihm Vermögensvorteile zu verschaffen. Man müßte sie nicht Rechtsanwälte, sondern Rechtsverdreher heißen, denn sie schädigen das Ansehen der Rechtsprechung in hohem Maße. Einen solchen Stand können wir, wenn wir einmal zur Herrschaft gelangt sind, nicht dulden. Wir werden der Tätigkeit der Rechtsanwälte die engsten Schranken ziehen: sie sollen nicht mehr ein freier Berufsstand sein, sondern nur noch ausführende Beamte des Staates mit einem festen Gehalte, dessen Höhe ganz unabhängig davon ist, ob sie ihre Sache gut oder schlecht machen. Sie werden öffentlich bestellte Verteidiger sein, die im Gegensatze zum Vertreter der Anklage, dem Staatsanwalt, Alles das vorzubringen haben, was zur Entlastung des Angeklagten dient. Sowohl den Rechtsanwälten wie auch den Richtern werden wir nicht gestatten, persönlich mit den Parteien Fühlung zu nehmen. Sie sollen von den Strafsachen oder bürgerlichen Streitfällen nur aus den Akten Kenntnis erhalten und die Verteidigung ausschließlich auf Grund des Untersuchungsergebnisses und der öffentlich in der Gerichtsverhandlung gemachten Aussagen der Parteien und der Zeugen führen dürfen. Auf diese Weise wird eine ehrliche selbstlose Verteidigung entstehen, die auf der Übezeugung und nicht auf der Jagd nach Gelderwerb beruht. Damit wird u. a. auch das Bestechungsunwesen beim Gerichte beseitigt werden. Heute sind die Fälle gar nicht so selten, in denen eine zahlungskräftige Partei den Rechtsanwalt der Gegenpartei besticht oder die Verteidiger beider Parteien ausmachen, nur diejenige Partei gewinnen zu lassen, die am meisten zahlt.

Die nichtjüdische Geistlichkeit.

Auf unser Betreiben hin wurde die Geistlichkeit der Nichtjuden in den Augen des Volkes herab gesetzt und jeden Einflusses auf die Massen beraubt. Wenn sie die Massen noch hinter sich hätte, so läge darin für die Verwirklichung unserer Pläne natürlich ein ernstes Hindernis. Aber ihr Einfluß auf das Volk geht ersichtlich mit jedem Tag mehr zurück.

Die Gewissensfreiheit.

Die Gewissensfreiheit ist jetzt überall öffentlich anerkannt. Wir folgern daraus, daß uns nur noch Jahre von dem Zeitpunkte trennen, wo die christliche Weltanschauung vollständig zusammen stürzen wird, mit den anderen Glaubenslehren werden wir noch schneller fertig werden, doch ist es verfrüht, davon jetzt zu sprechen. Sind wir erst zur Herrschaft gelangt, so werden wir die nichtjüdische Geistlichkeit derart einschnüren, daß ihr Einfluß im umgekehrten Verhältnisse zu ihrer früheren Macht stehen wird.[33]

---

33 Zu Z. 25 bis 38 vgl. *Biarritz*-Auszug, S. 122, Z. 35 bis S. 123, Z. 3.

Die Macht des Papstes.

Sobald die Zeit gekommen sein wird, die Macht des Papstes endgültig zu zerstören, wird der Finger einer unsichtbaren Hand die Völker auf den päpstlichen Hof hin weisen. Wenn sie dahin stürzen werden, um Rache zu nehmen für Jahrhunderte lange Unterdrückung, dann wollen wir als angebliche Beschützer des Papstes auftreten und ein größeres Blutvergießen verhindern. Durch diesen Kunstgriff werden wir in die innersten Gemächer des päpstlichen Hofes gelangen und dieselben nicht eher verlassen, bis wir hinter alle Geheimnisse gekommen sind, und bis die ganze Macht des Papsttumes völlig gebrochen ist.[34]

*Der König der Juden
als wahrer Papst und Stammvater (Patriarch) der Weltkirche.*

Der König der Juden wird der wahre Papst und Stammvater (Patriarch) der jüdischen Weltkirche sein. So lange wir jedoch die Jugend noch in den Grundsätzen der Übergangsstufe erziehen müssen, die erst allmählich in unseren Glauben ausmünden soll, können wir die bestehenden nichtjüdischen Glaubensbekenntnisse nicht offen bekämpfen, da wir sonst die Nichtjuden abschrecken würden; das Gift der Zersetzung muß vielmehr allmählich in ihre Reihen hinein getragen werden; es ist zunächst ein stiller Kampf mit geistigen Waffen, bei dem unsere zersetzende Urteilskraft die größten Erfolge erzielt.

Die Aufgaben der jüdischen Presse.

Unsere heutige Presse hat die Aufgabe, die Unfähigkeit der Nichtjuden auf allen Gebieten des staatlichen und religiösen Lebens zu erweisen; sie darf das nur in allgemeinen Redewendungen tun, die aber doch deutlich genug sind, um Regierung und Gottesglauben der Nichtjuden in den Augen der Allgemeinheit herab zu setzen. Niemand versteht sich darauf besser, als unser hervorragend begabtes Volk der Juden.

Die Ausgestaltung des Polizeiwesens.

Wie der indische Götze Wischnu mit hundert Händen abgebildet wird, die seine Allgewalt versinnbildlichen sollen, so werden auch wir über unzählige Hilfskräfte verfügen. Alle Fäden werden in unseren Händen zusammen laufen, nichts wird uns verborgen bleiben. Selbstverständlich können uns die jetzigen Polizeibehörden dabei keineswegs genügen. Gaben wir ihnen doch mit Ab-

---

34 Vielleicht Erinnerung an die Verhaftung Pius' VII im Jahre 1809 durch Napoleon. Darauf, daß es Ende des 19. Jahrhunderts mit der politischen Macht des Papsttums nicht weit her war, machte schon OTTO FRIEDRICH, Die Weisen von Zion. Das Buch der Fälschungen (Lübeck 1920), S. 17, aufmerksam.

sicht eine Verfassung und eine Machtvollkommenheit, welche die nichtjüdischen Regierungen vielfach hindert, den wahren Stand der Dinge zu erkennen. In unserem Zukunftsstaate wird ein Drittel unserer Untertanen aus Pflichtgefühl und freiwillig übernommenen Obliegenheiten auf die übrigen zwei Drittel aufpassen. Es wird dann nicht mehr schimpflich und ehrenrührig, sondern im Gegenteile höchst lobenswert sein, dem Staate Späher- und Angeberdienste zu leisten. Falsche Beschuldigungen werden jedoch streng bestraft werden, damit kein Mißbrauch mit der Einrichtung getrieben wird.

Unsere Helfershelfer werden den verschiedensten Gesellschaftsschichten angehören: höhere Verwaltungsbeamte, Verleger, Druckereibesitzer, Buchhändler, Kaufleute, Arbeiter, Kutscher, Dienstboten und viele andere Personen werden unter ihnen zu finden sein. Diese recht- und machtlose Polizei wird keinerlei Amtshandlungen vornehmen dürfen, die sich auf die Vollstreckung irgend welcher Befehle beziehen; sie soll ausschließlich zu Späher- und Angeberdiensten benutzt werden; ihre Angaben werden von besonderen Polizei-Aufsichtsbeamten geprüft werden, welche die volle Verantwortung zu tragen haben, wenn sie daraufhin irgend welche Verhaftungen anordnen. Die eigentliche Vollzugsgewalt wird der Land- und Stadtpolizei obliegen. Wer nachweislich eine wichtige Aussage auf staatsrechtlichem Gebiete unterlassen hat, wird wegen geistiger Hehlerei zur Verantwortung gezogen werden.

Der musterhafte Späherdienst des Kahal.

Wie unsere Glaubensbrüder schon jetzt verpflichtet sind, ihrer Gemeinde, dem Kahal,[35] jeden Verstoß gegen die Glaubens- und Sittenvorschriften der Juden und jeden Abfall von der gemeinsamen Sache unseres Volkes anzuzeigen, so wird es in unserem künftigen Weltreich als Ehrenpflicht aller treuen Untertanen gelten, die Regierung durch Späher- und Angeberdienste zu unterstützen.

Der Mißbrauch der Amtsgewalt.

Mit Hilfe dieses Späher- und Angeberdienstes werden wir den Mißbrauch der Amtsgewalt, die Bestechlichkeit, kurz alle diejenigen Mißstände beseitigen, die wir selbst absichtlich unter den Nichtjuden groß gezogen haben. Das waren und sind unsere wirksamsten Mittel, um Unzufriedenheit und Aufruhr unter den nichtjüdischen Völkern zu erzeugen. Eines der wichtigsten aber, das aufreizender wirkt, als alles Andere, ist das Vorgehen der heutigen Polizei-

---

[35] *Kahal* bedeutet auf Hebräisch einfach »Gemeinde«. Das alltägliche Wort wurde durch den Antisemitismus als Bezeichnung einer geheimen Verschwörung mystifiziert. Vgl. COHN, S. 67-69.

spitzel. Im Gefühl ihrer Machtvollkommenheit und Straflosigkeit können diese angeblichen Hüter der Ordnung in ihrer wahrhaft zerstörenden Tätigkeit alle schlechten Eigenschaften, wie Eigenmächtigkeit, Mißbrauch der Amtsgewalt, vor Allem aber Bestechlichkeit entwickeln.

Achtzehnte Sitzung

Schutzmaßregelungen.

Strenge Schutzmaßnahmen wirken wie ätzendes Gift auf das Ansehen jeder Regierung. Müssen wir zu solchen Maßnahmen greifen, so werden wir künstlich Unruhen hervor rufen und die Unzufriedenheit des Volkes durch gut geschulte Redner aufstacheln lassen. Diese Redner werden massenhaften Zulauf haben, so daß der Schein von Aufruhr und Empörung vollkommen erreicht ist. Das werden wir benutzen, um Haussuchungen vorzunehmen und die uns mißliebigen Personen unter polizeiliche Aufsicht zu stellen. Die besten Dienste werden uns dabei unsere treuen Helfer aus den Kreisen der nichtjüdischen Polizei leisten.

Überwachung der Umstürzler.

Da die meisten Umstürzler sich ihrer Sache aus Liebe zu Abenteuern und kühnen Reden widmen, so werden wir sie so lange in Ruhe lassen, wie sie nicht zu verbrecherischen Taten über gehen. Um jedoch über alle Vorgänge unterrichtet zu sein, werden wir in alle Geheimbünde Spitzel hinein zu bringen wissen, die uns auf dem Laufenden halten. Sie dürfen nicht vergessen, meine Herren, daß das Ansehen der Regierung schwindet, wenn sie allzu häufig Verschwörungen gegen sich entdeckt. Das kann zu dem Verdachte führen, daß sie ihre eigene Ohmacht oder noch schlimmer ihre eigene Unrechtmäßigkeit eingesteht. Sie wissen, meine Herren, daß wir das Ansehen der nichtjüdischen gekrönten Häupter dadurch untergraben haben, daß wir durch unsere Helfer häufig Mordanschläge gegen sie ausführen ließen. Die Täter waren blinde Hammel der uns zur Verfügung stehenden Herde, die man leicht durch einige freisinnige Redewendungen zu Verbrechen verleiten kann, wenn man diesen einen staatsrechtlichen Anstrich gibt. Wir werden die nichtjüdischen Regierungen noch zwingen, ihre eigene Ohmacht dadurch einzugestehen, daß sie offene Schutzmaßnahmen für sich treffen müssen. Dann ist ihr Ansehen endgültig verloren.

Der Schutz des Judenkönigs.

Unser König der Juden wird in einer ganz unauffälligen Weise geschützt werden. Wir dürfen nicht einmal den Gedanken aufkommen lassen, daß er nicht imstande sei, irgend welche Umtriebe schnell zu beseitigen, und sich vor ihnen verbergen müsse. Wollten wir diesen Gedanken nach dem Beispiele der Nichtjuden zulassen, so hätten wir, wenn nicht für den König selbst, so doch sicher für seine Nachkommen das Todesurteil unterschrieben.

Unser König wird den Schein streng zu wahren wissen, daß er seine Macht nur zum Besten des Volkes und nicht zu seinem eigenen Vorteil oder zu Gunsten seiner Hausmacht ausnutzt. Darum wird seine Macht vom Volke geachtet und geschützt werden. Das Volk wird ihn vergöttern, weil es fest davon überzeugt sein wird, daß die Macht des Königs die Ruhe und Ordnung im Land und damit auch das Wohl jedes einzelnen Staatsbürgers verbürgt. — *Wer den König durch äußere Machtmittel schützen will, der erkennt die Schwäche des Königs an.*

Unser König wird, sobald er sich in der Öffentlichkeit zeigt, immer von einer Menge scheinbar neugieriger Männer und Frauen umgeben sein. Wie zufällig, werden sie immer die ersten Reihen um ihn einnehmen und die Nachdrängenden scheinbar aus Liebe zur Ordnung von einer zu nahen Annäherung zurück halten. Das gute Beispiel wird auch die Anderen zur Ruhe und Besonnenheit mahnen. Drängt sich Jemand aus dem Volke vor, um dem König eine Botschaft abzugeben, so sind die ersten Reihen verpflichtet, sie in Empfang zu nehmen und vor den Augen des ganzen Volkes dem Könige zu überreichen. Dann werden alle wissen, daß die Bittschriften wirklich in die Hände des Königs gelangen und von ihm selbst geprüft werden. Das Ansehen der Macht läßt sich nur dann aufrecht erhalten, wenn das Volk mit Überzeugung sprechen kann: »Wüßte der König davon« oder »Der König wird davon erfahren«.

Der geheimnisvolle Ursprung des Ansehens der Macht.

Mit der Einführung offener Schutzmaßregeln geht der geheimnisvolle Ursprung des Ansehens der Macht verloren. Ein Jeder, der über die nötige Frechheit verfügt, hält sich für berechtigt, sie vor aller Öffentlichkeit anzutasten; der Umstürzler erkennt seine Macht und erspäht den günstigsten Augenblick für einen Mordanschlag. — Den Nichtjuden haben wir etwas Anderes weis gemacht; jetzt können wir an ihrem Beispiel ersehen, welche schlimmen Folgen die offenen Schutzmaßnahmen für sie gehabt haben.

Verhaftung beim ersten Verdachte.

Unter unserer Herrschaft wird Jeder sofort verhaftet werden, der sich auf staatsrechtlichem Gebiete mehr oder weniger verdächtig gemacht hat. Es ist völlig falsch, aus Furcht vor einem Fehlgriffe die Flucht derer zu erleichtern, die im Verdacht eines staatsrechtlichen Vergehens oder Verbrechens stehen. Wir werden auf diesem Gebiete mit äußerster Strenge vorgehen. Schon beim gewöhnlichen Vergehen gehört ein gewisses Maß von Voreingenommenheit für den Angeklagten dazu, um überhaupt ein Eingehen auf die Beweggründe zur Tat für zulässig zu erklären. Für die Verbrecher auf staatsrechtlichem Gebiete, die sich mit Fragen befassen, die sie nichts angehen und in denen Niemand Bescheid weiß, wie ausschließlich die Regierung, gibt es überhaupt keine Entschuldigung. — Selbst Regierungen verstehen durchaus nicht immer die wahre Staatskunst.

Neunzehnte Sitzung

Das Recht auf Eingaben und Vorschläge.

So wenig wir es dulden werden, daß die Masse sich mit staatsrechtlichen Fragen beschäftigt, so sehr werden wir es dennoch begrüßen, wenn der Regierung von Seiten des Volkes allerhand Eingaben und Vorschläge gemacht werden, welche die Verbesserung seiner wirtschaftlichen Lage bezwecken. Auf diese Weise kommen uns möglicherweise wirkliche Mißstände zu Ohren, deren Abänderung uns selbst erwünscht sein muß. Handelt es sich aber um bloße Hirngespinste, so werden wir sie sachlich widerlegen und die Kurzsichtigkeit des Antragstellers einwandfrei erweisen. Wir zeigen damit, daß wir auf die Anregungen des Volkes eingehen und verhindern gleichzeitig die Verbreitung falscher Meinungen.

Unruhen und Aufstände.

Für eine Regierung, die sich nicht nur auf die Polizei verläßt, sondern die Wurzeln ihrer Kraft im Volke selbst verankert hat, sind Unruhen und Aufstände nichts Anderes, wie das Bellen des Mopses vor dem Elefanten. Der Mops bellt den Elefanten an, weil er seine Größe und Kraft verkennt. Es genügt, die verschiedenartige Bedeutung beider an einem lehrreichen Beispiele zu erweisen, und die Möpse werden das Bellen lassen und mit dem Schweife wedeln, sobald sie den Elefanten erblicken.

Staatsrechtliche Verbrecher.

Um dem staatsrechtlichen Verbrecher den Schein des Helden zu nehmen, der sich für Andere aufopfert, werden wir ihn auf die selbe Bank mit gewöhnlichen Dieben und Mördern und allerhand gemeinen und schmutzigen Verbrechern setzen. Dann wird die öffentliche Meinung beide Arten von Verbrechen in einen Topf werfen und den staatsrechtlichen Verbrecher mit derselben Verachtung strafen, die sie dem gemeinen Verbrecher schon jetzt entgegen bringt.

Der Verherrlichung staatsrechtlicher Verbrechen.

Wir haben uns erfolgreich darum bemüht, die Nichtjuden von einem solchen Vorgehen gegen staatsrechtliche Verbrecher abzuhalten. Darum haben wir sowohl in Zeitungsaufsätzen und öffentlichen Reden wie auch unmittelbar — in klug zusammen gestellten Lehrbüchern der Geschichte das angebliche Heldentum der Umstürzler verherrlicht, die sich für das, wie wir sagen, allgemeine Wohl aufopferten. Auf diese Weise gelang es uns, dem Freisinne zahlreiche Anhänger zuzuführen und Tausende von Nichtjuden in die Reihen der uns auf Leben und Tod ergebenen Hammelherde einzustellen.

Zwanzigste Sitzung

Grundsätze der Geld- und Steuerwirtschaft.

Die heutige Sitzung betrifft unsere Grundsätze auf dem Gebiete der Geld- und Steuerwirtschaft. Ich habe diese außerordentlich schwierigen Fragen absichtlich an den Schluß meines Berichtes gesetzt, weil sie den Kern unseres ganzen Planes bilden und sein Gelingen entscheiden. Bevor ich auf Einzelheiten eingehe, bitte ich Sie, meine Herren, sich dessen zu erinnern, was ich schon früher angedeutet habe: Wir sind des Erfolges unserer Sache ganz sicher, weil wir nahezu alle Geldmittel besitzen.

Sobald wir zur Herrschaft gelangt sind, wird unsere selbstherrliche Regierung es vermeiden, die Massen des Volkes allzu fühlbar mit Steuern zu belasten. Das ist für uns ein Gebot der Selbsterhaltung, denn wir dürfen niemals vergessen, daß wir dem Volke gegenüber stets den Schein eines väterlichen Beraters und Beschützers wahren müssen. Anderseits kostet die Staatsverwaltung viel Geld, das doch irgend wie beschafft werden muß. Es ist daher von besonderer Wichtigkeit, ein Verfahren ausfindig zu machen, das die Steuern möglichst nach der Leistungsfähigkeit verteilt.

Die stufenweis ansteigende Besitzsteuer.

Unsere Gesetze werden von der Annahme ausgehen, daß dem König Alles gehört, was sich innerhalb des Staatsgebietes befindet. Unsere Regierung wird daher in der Lage sein, jede Art von Besitz zu treffen. Nötigenfalls kann sie sogar alle Umlaufsmittel einziehen, um eine neue Verteilung derselben vorzunehmen. Der beste Weg zur Deckung des Staatsbedarfs ist eine stufenweis ansteigende Besitzsteuer. Bei einer solchen Regelung können die Steuern in einem der Größe des Vermögens entsprechenden Hundertteile bezahlt werden. Der Besitzer ist imstande, die Steuer zu tragen, ohne sich Einschränkungen aufzuerlegen oder gar seine wirtschaftliche Lage zu gefährden. Die Reichen müssen einsehen, daß sie verpflichtet sind, einen Teil ihres Überflusses dem Staate zur Verfügung zu stellen, weil der Staat ihnen den ungefährdeten Besitz ihres sonstigen Vermögens und das Recht des ehrlichen Erwerbes verbürgt. Ich sage ausdrücklich des ehrlichen Erwerbes, denn wir werden die Vermögensbildung scharf genug beaufsichtigen, um den Raub unter dem Scheine des Rechtes zu verhindern.

Diese gerechte Verteilung der Steuerlasten muß von oben kommen, denn sie ist ein notwendiges Erfordernis der Zeit, dessen Durchführung Ruhe und Ordnung verbürgt.

Die harte Besteuerung des Armen ruft dagegen Unzufriedenheit und Empörung hervor; sie schädigt den Staat weit mehr, als sie einbringt, denn er verliert in der Jagd nach ein paar Pfennigen das Vertrauen und die Zuneigung der Volksmassen. Unabhängig davon trägt die Vermögenssteuer dazu bei, das Wachstum von Vermögen in der Hand einzelner Personen zu verringern. Augenblicklich haben wir fast alle großen Vermögen in unseren Händen vereinigt, um gegenüber der großen Macht der nichtjüdischen Staaten ein Gegengewicht auf dem wichtigsten Gebiete der Geldwirtschaft zu haben.

Eine Steuer, die mit der Größe der Vermögen stark ansteigt, wird weit höhere Erträge liefern, als die in einzelnen Staaten noch übliche Kopfsteuer, die wir dazu benutzen, um Unzufriedenheit und Unruhen unter den Nichtjuden hervor zu rufen.

Die Macht, auf die unser König sich stützen wird, besteht in der gerechten Verteilung der Steuerlasten, die eine Hauptbürgschaft für den inneren Frieden ist. Um dieses inneren Friedens willen müssen die Besitzenden dem Staat einen Teil ihrer Einnahme überlassen. Der Geldbedarf des Staates soll von Denjengen getragen werden, die im Überflusse leben und von denen etwas zu holen ist.

Eine solche Verteilung der Steuerlasten wird den Neid des Armen gegen den Reichen wesentlich mildern. Wenn die besitzlosen Klassen sehen, daß fast die gesamten Staatslasten von den Besitzenden getragen werden, die dadurch die Aufrechterhaltung geordneter Zustände ermöglichen und jedem Einzelnen einen Dienst erweisen, so werden sie ihnen die Daseinsberechtigung nicht aberkennen wollen.

Damit die Besitzenden über die neuen Steuerlasten nicht allzu sehr klagen, werden wir ihnen genaue Rechenschaft über die Verwendung der Staatsgelder ablegen. Ausgenommen sind dagegen natürlich diejenigen Summen, die wir für unseren König und für unsere Verwaltungsämter brauchen werden.

Unser König wird kein eigenes Vermögen haben, da grundsätzlich Alles, was sich im Staate befindet, ihm gehören soll. Das Vorhandensein eines eigenen Vermögens würde den restlichen Anspruch auf das gesamte Volksvermögen beseitigen. Eines schließt das Andere aus: entweder gehört ihm Alles, und dann kann er nicht einen Teil als sein Sondereigentum ausscheiden, oder er hat ein Sondereigentum, und dann kann er nicht Alles beanspruchen.

Von der königlichen Familie wird nur der Thronfolger auf Staatskosten unterhalten werden. Alle übrigen müssen entweder in den Staatsdienst treten oder einen anderen Beruf ergreifen. Das Blut der königlichen Familie gibt kein Anrecht auf eine Beraubung der Staatskasse.

Abgestufte Stempelsteuer.

Jeder Kauf, jede Bescheinigung über empfangene Geldsummen und jede Erbschaft werden mit einer stufenweise ansteigenden Stempelsteuer belegt werden. Wer es unterläßt, eine namentliche Übertragung des Eigentumsrechtes an Geld oder sonstigen Werten auf diese Weise anzuzeigen, wird mit einer besonderen Strafe belegt, die in einem bestimmten Satze vom Hundert der entzogenen Summe für die Zeit von der Eigentumsübertragung bis zur Entdeckung der Steuerhinterziehung berechnet wird. Für diese namentlichen Übertragungen des Eigentumsrechtes werden besondere Geschäftsbücher eingeführt werden, die Namen und Wohnung des alten und neuen Besitzers angeben müssen und der örtlichen Steuerbehörde allwöchentlich vorzulegen sind. Selbstverständlich wird die Feststellung des Käufers erst von einer bestimmten Kaufsumme ab verlangt werden. Die gewöhnlichen Kaufgeschäfte in Gegenständen des täglichen Bedarfs werden nur einer Stempelsteuer in einem festen Satze vom Hundert unterliegen.

Berechnen Sie, meine Herren, um wie viel mal die Erträge solcher Steuern die Einnahmen der nichtjüdischen Staaten übertreffen werden.

Die Staatskasse.

Die Staatskasse muß immer einen bestimmen Bestand an Barmitteln enthalten, in den auch Rücklagen für unvorhergesehene Fälle einzurechnen sind. Alles, was über diesen Bestand hinaus geht, wird wieder in Umlauf gesetzt. Wir werden für diese überschüssigen Summen öffentliche Arbeiten ausführen lassen. Die Tatsache, daß der Staat von sich aus solche Arbeiten unternimmt, wird ihm das Zutrauen der Arbeiterklasse eintragen. Aus den genannten Summen werden wir auch Preise für Entdeckungen und besondere Leistungen auf dem Gebiete des Gewerbefleißes zahlen.

Außer den genau bestimmten und weitsichtig berechneten Summen sollte kein Pfennig unnütz in der Staatskasse zurück gehalten werden. Das Geld ist für den Umlauf bestimmt; jede Stockung des Geldverkehres kann den Staat empfindlich schädigen. Das Geld ist das Öl der Staatsmaschine; bleibt die Ölung aus, so muß die Maschine still stehen.

Festverzinsliche Wertpapiere und Stockung des Geldverkehres.

Der Ersatz eines Teiles der Umlaufsmittel durch festverzinsliche Wertpapiere hat solche Stockung des Geldverkehres verursacht. Die Folgen dieses Umstandes sind zur Genüge bemerkbar.

Die Rechnungslegung.

Wir werden einen Rechnungshof gründen, in welchem der Herrscher jederzeit eine vollständige Übersicht der Einnahmen und Ausgaben des Staates finden wird. Ausgenommen soll nur der laufende Monat sein, für den ein Abschluß noch nicht vorliegen kann, und der vorher gehende Monat, für den die Abrechnungen noch nicht vollständig eingelaufen sein durften.

Die einzige Persönlichkeit, die keinen Vorteil von der Beraubung der Staatskassen haben wird, ist das Staatsoberhaupt selbst, dem grundsätzlich Alles gehören soll. Darum wird gerade seine persönliche Überwachung der Rechnungslegung die Möglichkeit einer Unterschlagung oder Vergeudung von Staatsmitteln nahezu völlig ausschließen.

Beseitigung der höfischen Empfangs- und Vertretungspflichten.

Der höfische Brauch legt dem Herrscher eine Unmenge von Empfangs- und Vertretungs-Pflichten auf, bei denen kostbare Zeit verloren geht. Wir werden diese höfischen Verpflichtungen fast ganz beseitigen, damit der Herrscher genügende Zeit zur Erledigung seiner eigentlichen Aufgaben behält: der Überwachung der Staatsverwaltung und der Anregung und Erwägung neuer Maßnahmen. Dann wird der Herrscher nicht mehr von Günstlingen umgeben sein, die sich an ihn bloß heran drängen, um am Glanz und Prunke des Hofes teilzunehmen und eigene Vorteile zu verfolgen, für das Wohl des Staates aber nichts übrig haben.

Die Stockung im Wirtschaftsleben.

Um die Nichtjuden zu schädigen, haben wir umfangreiche Stockungen (Krisen) im Wirtschaftsleben hervor gerufen. Wir bedienten uns dabei des einfachen Mittels, alles erreichbare Geld aus dem Verkehre zu ziehen. Riesige Summen wurden in unseren Händen aufgespeichert, während die nichtjüdischen Staaten mittellos da saßen und schließlich gezwungen waren, uns, die Juden, um Gewährung von Anleihen zu bitten. Mit diesen Anleihen übernahmen die nichtjüdischen Staaten bedeutende Zinsverpflichtungen, die ihren Staatshaushalt wesentlich belasteten und sie schließlich in völlige Abhängigkeit von den großen Geldgebern, den Juden, brachten. — Der Übergang der handwerksmäßigen und mittleren Betriebe zur Großindustrie, die ganz von den reichen Geldgebern, den Juden, abhängt, sog alle gesunden Volkskräfte auf und machte schließlich jeden Widerstand der nichtjüdischen Staaten unmöglich.[36]

Der Geldumlauf.

Der Staat setzt heute viel zu wenig Geld in Umlauf, so daß es seine Aufgaben längst nicht in vollem Umfange erfüllen kann. Die Ausgabe neuen Geldes muß mit dem Wachstume der Bevölkerung Schritt halten, wobei auch die Kinder mitzuzählen sind, da sie vom Tage ihrer Geburt ab einen erheblichen Geldverkehr verursachen. Die Neuregelung des Geldumlaufes ist eine wichtige Frage für die ganze Welt.

Die Goldwährung.

Sie wissen, meine Herren, daß die Goldwährung ein Verderb für alle Staaten war, die sie angenommen haben. Sie konnte den großen Geldbedarf der Völker um so weniger befriedigen, als wir das Gold nach Möglichkeit aus dem Verkehre gezogen und die Banknoten-Ausgabe in Abhängigkeit vom Goldvorrate gesetzt haben.[37]

Die künftige Währung.

In unserem Staate muß eine Währung eingeführt werden, die sich auf den Kosten der Lebenshaltung aufbaut. Es bleibt sich dann völlig gleich, welcher Art Umlaufmittel wir in den Verkehr bringen. Sie können aus Papier, aus Holz oder Metall sein. Die Hauptsache ist, daß wir den Geldumlauf mit der Bevölkerungszahl in Einklang bringen. Wir werden den durchschnittlichen Geldbedarf eines Staatsangehörigen nach den mittleren Kosten der Lebenshaltung berechnen und dann so viel Geld in Umlauf setzen, wie dem Gesamtbedarfe der Bevölkerung, d. h. also dem Durchschnittsbedarfe mal der Zahl

---

36 Zu Z. 3 bis 7 vgl. *Biarritz*-Auszug, S. 122, Z. 19 bis 30.
37 Diese wohl für die meisten Leser undurchsichtige Anspielung bezieht sich anscheinend auf die Opposition Konservativer zur Politik des russischen Finanzministers Sergej Witte, den Goldstandard im Jahre 1897 einzuführen. Dies als jüdisches Komplott darzustellen ist insofern abwegig, als Witte selber damals an eine jüdische Verschwörung glaubte. Die Stelle kann als Hinweis auf die Datierung des verschwundenen Originals aufgefaßt werden. Siehe ROLLIN, S. 416-419.

der Bevölkerung, entspringt. Für jedes neugeborene Kind wird eine entsprechende Erhöhung, für jeden Verstorbenen eine entsprechende Ermäßigung der Umlaufmittel stattfinden. Die Berechnungen muß jede Provinz und jeder Kreis vornehmen.

Der Staatshaushalt.

Von größter Wichtigkeit für ein geordnetes Staatswesen ist die rechtzeitige Aufstellung und Erhaltung des Staatshaushalts-Planes. Um jede Verzögerung und jede unnötige Erörterung dieser wichtigen Fragen zu vermeiden, wird der Voranschlag für die Staatseinnahmen und Staatsausgaben unter unserer Herrschaft alljährlich durch eine besondere Verordnung des Staatsoberhauptes festgesetzt werden. Das gibt uns erstens die Gewähr einer rechtzeitigen gesetzlichen Regelung aller mit dem Staatshaushalt zusammen hängenden Fragen; zweitens wird kein Schatzamt es noch wagen, eine Günstlings-Wirtschaft zu treiben und eine Behörde zum Nachteile der anderen durch Zuweisung größerer Mittel zu bevorzugen.

Die Voranschläge der Staatseinahmen und Staatsausgaben werden unmittelbar neben einander geführt werden, sodaß eine Verdunkelung des Staatshaushaltes durch ein Auseinanderreißen dieser zusammen gehörenden Teile künftig nicht stattfinden kann.

Wir müssen die Geldwirtschaft der nichtjüdischen Staaten überhaupt von Grund aus umgestalten und dabei in einer Weise vorgehen, daß Niemand Ursache zu irgend welchen Besorgnissen haben kann. Die Begründung der Neuerungen wird uns angesichts der völlig zerfahrenen Zustände, in welche der Haushalt der nichtjüdischen Staaten geraten ist, sicher nicht schwer fallen. Wir werden vor Allem auf das Hauptübel der staatlichen Geldwirtschaft der Nichtjuden verweisen: Jedes Rechnungsjahr beginnen sie mit der Aufstellung eines ordentlichen Voranschlages, der niemals eingehalten wird, obgleich er von Jahr zu Jahr in erschreckendem Maße zunimmt. Das hat natürlich seine besondere Ursache: der für das ganze Jahr geltende Voranschlag reicht gewöhnlich nur bis zur Mitte des Rechnungsjahres; dann wird der erste Nachtrag verlangt, der meist in einem Vierteljahre verausgabt ist; darauf folgt ein zweiter und dritter Nachtrag, so daß die Übersicht der reinen Ist-Ausgaben und Ist-Einnahmen des Rechnungsjahres schließlich die völlige Haltlosigkeit des ordentlichen Voranschlags erweist. Statt nun daraus eine Lehre zu ziehen, wiederholen die nichtjüdischen Regierungen dieses klägliche Schauspiel von Jahr zu Jahr. Da der Voranschlag für das neue Rechnungsjahr immer nach der Gesamtabrechnung für das verflossene Rechnungsjahr aufgestellt wird, sich also ängstlich an das Alte anklammert, statt mutig in die Zukunft zu sehen, so kann man als Regel annehmen, daß er mindestens um 50 v. H. überschritten wird. Das ist eine Schraube ohne Ende. Man kann sich wirklich nicht wundern, daß die nichtjüdischen Staaten bei einem so leichtfertigen Verfahren in dauernde Geldnot gerieten. Die dann folgende Zeit der Anleihe-Wirtschaft gab ihnen völlig den Rest. Heute sind alle nichtjüdischen Staaten derart verschuldet, daß man ruhig von einem allgemeinen Zusammenbruch ihrer Geldwirtschaft sprechen kann.

Sie werden es vollkommen verstehen, meine Herren, daß wir die Nichtjuden veranlaßt haben, eine derartige Schuldenwirtschaft zu treiben. Selbstverständlich werden wir uns hüten, diese Wirtschaft unter unserer Herrschaft fortzusetzen.

Die gegenwärtigen Staatsanleihen.

Jede Staatsanleihe liefert den deutlichen Beweis dafür, daß der betreffende Staat schlecht verwaltet wird und seine Hoheitsrechte nicht richtig anzuwenden weiß. Die Anleihen hängen wie ein Damoklesschwert über dem Haupte der nichtjüdischen Herrscher; statt ihren Bedarf im Wege einer einmaligen außerordentlichen Steuer bei ihren Untertanen zu decken, betteln sie mit flehend empor gehobenen Händen unsere jüdischen Geldgeber an. Äußere Anleihen sind wie die Blutegel am Körper des Staates, die man nicht entfernen kann, bis sie von selbst abfallen, oder bis der Staat sich ihrer mit Gewalt entäußert. Dazu fehlt es den nichtjüdischen Staaten aber an der nötigen Kraft: sie legen im Gegenteil immer mehr Blutegel an ihren siechen Körper an, sodaß sie schließlich an der freiwillig hervor gerufenen Blutarmut zu Grunde gehen müssen.

Eine Staatsanleihe und noch dazu eine äußere ist in der Tat nichts anderes wie ein freiwilliges Abzapfen von Blut aus dem Staatskörper. Die Anleihe besteht aus Schuldverschreibungen des Staates, die ein Zinsversprechen enthalten. Der Zinsfuß schwankt je nach der Höhe der benötigten Geldsumme und der Vertrauenswürdigkeit des Staates. Beträgt er 5 v. H., so muß der Staat im Laufe von 20 Jahren in der Form von Zinsen die ganze entliehene Summe aufbringen; in 40 Jahren hat er allein an Zinsen die doppelte, in 60 Jahren die dreifache Schuldsumme bezahlt, haftet aber trotzdem für die ganze ursprüngliche Schuld, falls, wie hier voraus gesetzt wird, keinerlei Tilgungen stattgefunden haben.

Handelt es sich um einen zurück gebliebenen Staat, der noch die alte Kopfsteuer beibehalten hat, so ergibt sich folgendes Bild: der Staat preßt seinen Armen in der Form der Kopfsteuer die letzten Pfennige ab und bezahlt damit die Zinsen an die reichen Geldgeber des Auslandes, bei denen er die Schuld aufgenommen hat. Er knechtet seine eigenen Untertanen und kommt doch niemals aus der eigenen Schuldknechtschaft heraus. Wäre es nicht tausendmal besser, er hätte sich niemals in diese Schuldknechtschaft des Auslandes begeben, sondern gleich von seinen Untertanen das genommen, was er braucht, und dann alle weiteren Steuererträgnisse für sich selbst verwandt?

So lange die Anleihen sich auf das Inland beschränkten, haben die Nichtjuden mit ihrer Anleihen-Wirtschaft das Geld aus den Taschen der Armen in die Taschen der Reichen fließen lassen. Nachdem wir jedoch die maßgebenden Persönlichkeiten bestochen hatten, um die Aufnahme auswärtiger Anleihen durchzusetzen, flossen alle staatlichen Reichtümer unfehlbar in unsere Taschen. Seitdem sind uns alle Nichtjuden zins- und abgabepflichtig geworden.

Wir haben erreicht, was wir wollten. Leichtsinn und Kurzsichtigkeit der nichtjüdischen Herrscher in allen Fragen der staatlichen Geld- und Steuerwirtschaft, Käuflichkeit und Unfähigkeit der höchsten Staatsbeamten haben alle nichtjüdischen Staaten uns, den Juden, gegenüber in eine derartige Schuldknechtschaft gestürzt, daß sie sich niemals davon befreien können. Sie dürfen aber nicht vergessen, meine Herren, welche unsägliche Mühe und wie große Geldopfer wir bringen mußten, um dieses Ziel zu erreichen.

Die künftigen Staatsanleihen.

Wir werden keine Stockung des Geldverkehrs dulden und darum alle langfristigen festverzinslichen Staatsanleihen abschaffen. Die einzig zulässige Form der Staatsanleihen werden kurzfristige mit 1 v. H. verzinsliche Schuldverschreibungen (Serien) des Schatzamtes sein. Eine so geringfügige Verzinsung wird die staatlichen Kräfte nicht mehr den Blutsaugern, d. h. den großen Geldgebern, ausliefern. Das Recht der Ausgabe langfristiger festverzinslicher Schuldverschreibungen werden wir ausschließlich den großen gewerblichen Unternehmen gewähren. Diese können die Zinsen mit Leichtigkeit aus den Gewinnen bezahlen. Der Staat erzielt dagegen mit dem entliehenen Gelde in der Regel keine Gewinne, weil er es zu Zwecken des Verbrauches und nicht zur Erzeugung wirtschaftlicher Güter verwendet.

Industriepapiere.

Unter unserer Herrschaft werden die Industriepapiere auch von der Regierung gekauft werden. Sie wird dadurch zum Gläubiger aus Berechnung werden, während sie früher unter der Last ihrer Schuldverpflichtungen nahezu erdrückt wurde. Diese Maßregel wird die Stockungen des Geldverkehrs, das weit verbreitete Schmarotzertum und die öffentlich begünstigte Faulheit des Rentnertumes beseitigen. Solche Mißstände waren für uns nützlich, so lange die Nichtjuden am Ruder waren; unter unserer Herrschaft können wir sie nicht länger dulden.

Unfähigkeit der Nichtjuden auf den Gebieten der Geld- und Steuerwirtschaft.
Beratung der nichtjüdischen Herrscher und Günstlinge durch die Vertrauens-
männer der Freimaurerlogen.

Gibt es einen besseren Beweis für die völlige Unfähigkeit des rein tierischen Verstandes der Nichtjuden auf den Gebieten der Geld- und Steuerwirtschaft, als die Tatsache, daß sie bei uns Anleihen gegen hohe Zinsverpflichtungen aufgenommen haben, ohne zu bedenken, daß sie die gleichen Summen nur mit dem hohen Zinsaufschlage schließlich heraus holen müssen? Wäre es nicht wesentlich einfacher gewesen, die nötigen Summen gleich von ihren eigenen Untertanen zu nehmen und die Zinsen zu sparen?

Darin zeigt sich eben die hervorragende Geistesschärfe unseres auserwählten Volkes: wir haben es verstanden, den Nichtjuden die Frage der Staatsanleihen in einem solchen Lichte darzustellen, daß sie in der Aufnahme derselben sogar Vorteile für sich zu ersehen glaubten.

Wenn die Zeit gekommen sein wird, in der wir selbst die Voranschläge für den Staatshaushalt machen werden, dann können wir uns auf eine Jahrhunderte lange Erfahrung stützen, die wir bei den nichtjüdischen Staaten gesammelt haben. Unsere Vorschläge werden klar und bestimmt sein und die Vorteile unserer Neuerungen außer jeden Zweifel stellen. Sie werden die Mißstände beseitigen, mit deren Hilfe wir die Nichtjuden beherrscht haben, die wir jedoch in unserem Königreiche nicht dulden können.

Das Abrechnungs- und Prüfungsverfahren wollen wir derart ausbauen, daß weder der Herrscher, noch der geringste Beamte imstande sein werden, den kleinsten Betrag aus der Staatskasse für andere Zwecke zu verwenden, als diejenigen, für welche sie ursprünglich vorgesehen waren.[38]

Läßt man einmal Abweichungen von dem ursprünglichen Verwendungszwecke der Staatseinnahmen zu, so gerät bald der ganze Staatshaushalt ins Wanken. Niemand ist imstande, Großes zu leisten, wenn er das Ziel nicht klar vor Augen sieht und die Mittel nicht kennt, über die er verfügen kann. Selbst Helden gehen unter solchen Umständen zu Grunde.

---

38 Zu Z. 15 bis 25 vgl. JOLY, S. 265: »»Notre système de comptabilité, fruit d'une longue expérience, se distingue par la clarté et la certitude de ses procédés. Il met obstacle aux abus et ne donne à personne, depuis le dernier des fonctionnaires *jusqu'au chef de l'État lui-même*, le moyen de détourner la somme la plus minime de sa destination, ou d'en faire un emploi irrégulier««.
(LEISEGANG, S. 170; ENZENSBERGER, S. 273): »Unser System der Rechnungsführung, das die Frucht einer langen Erfahrung ist, unterscheidet sich von seinen Vorgängern durch seine Klarheit und seine Zuverlässigkeit. Es verhindert jeden Mißbrauch und gibt niemandem, vom kleinsten Beamten bis zum Oberhaupt des Staates selbst, die Möglichkeit, auch nur den kleinsten Betrag seiner Bestimmung zu entziehen oder davon einen unrechtmäßigen Gebrauch zu machen.«)

Die nichtjüdischen Herrscher haben wir absichtlich von der eingehenden Beschäftigung mit der Staatsverwaltung durch allerhand höfische Empfangs- und Vertretungspflichten und glänzende Feste abzulenken gewußt; sie waren nur der Deckmantel für unsere Herrschaft. Ihre Günstlinge, denen die eigentliche Staatsverwaltung oblag, verstanden auch nichts von der Sache; sie ließen sich ihre Berichte von den Vertrauensmännern unserer Freimaurerlogen[39] anfertigen. Wir haben es jedesmal verstanden, das leichtgläubige Gemüt der Nichtjuden in diesen Berichten mit Versprechungen auf künftige Ersparnisse und Verbesserungen einzufangen. Wovon sollten denn diese Ersparnisse erzielt werden? Etwa von neuen Steuern? So hätte Jeder fragen können, der unsere Abrechnungen und Entwürfe las. Von den Nichtjuden verfiel aber Niemand auf diese naheliegenden Einwände.

Sie wissen, meine Herren, wohin diese Sorglosigkeit die Nichtjuden geführt hat: trotz des bewunderungswerten Fleißes ihrer Völker stehen die nichtjüdischen Staaten vor dem Zusammenbruch ihrer Geld- und Steuerwirtschaft.

Einundzwanzigste Sitzung

Innere Anleihen.

Meinen letzten Bericht will ich heute durch ausführliche Erörterungen über die inneren Anleihen ergänzen. Auf die Frage der äußeren Anleihen werde ich nicht mehr zurück kommen; sie haben uns mit dem völkischen Reichtume der Nichtjuden genährt; in unserem Reiche wird es dagegen keine Ausländer und darum auch keine auswärtigen Anleihen mehr geben.

Bisher haben wir die Käuflichkeit der höchsten Staatsbeamten und die Sorglosigkeit der Herrscher dazu benutzt, um den nichtjüdischen Regierungen Geld aufzudrängen, das sie teils überhaupt nicht nötig hatten, teils wirklich nicht von uns zu nehmen brauchten. Für uns handelte es sich dabei um ein gutes Geschäft, bei dem wir das Doppelte und Dreifache von dem einheimsen konnten, was wir geliehen hatten. Es ist völlig ausgeschlossen, daß sich Jemand uns gegenüber so etwas heraus nehmen könnte. Ich werde [mich] auch daher in meinen weiteren Ausführungen auf die Einzelheiten der inneren Anleihen beschränken.

---

39 ENGLISCH, *agents*; FRITSCH, »Agenten« (S. 61); wieder ein Zeichen dafür, daß die Freimaurer eine fixe Idee ZUR BEEKS sind.

Wenn ein Staat eine innere Anleihe begeben will, so tritt er gewöhnlich mit den großen Geldgebern des Landes in Fühlung. Diese bestimmen in der Regel den Preis und die sonstigen Bedingungen für die Zeichnung. Für ihre großen Voranmeldungen wird ihnen meist ein Nachlaß am Zeichnungspreise gewährt. Dann erst veröffentlicht der Staat die Zeichnungs-Bedingungen und fordert seine Untertanen auf, innerhalb einer bestimmten Frist seine festverzinslichen Schuldverschreibungen zu zeichnen. Um die Anleihe einem möglichst großen Personenkreise zugängig zu machen, findet eine weitgehende Stückelung derselben statt. Der Nennwert der einzelnen Stücke schwankt zwischen hundert und dem Mehrfachen von tausend. Schon nach einigen Tagen wird der Preis der Anleihe künstlich gesteigert, weil sich angeblich Alles um Stücke reißt. Bald darauf heißt es, daß die Kassen des Schatzamtes überfüllt seien und das viele Geld gar nicht untergebracht werden könne. Niemand verfällt auf den inneren Widerspruch, unter solchen Umständen überhaupt eine Anleihe zu begeben. Alles ist stolz darauf, daß die aufgelegte Summe angeblich mehrfach überzeichnet sei. Einen besseren Beweis für das Vertrauen des Volkes zur Geldwirtschaft des Staates könne es, wie allgemein behauptet wird, gar nicht geben.

Staatsschulden und Steuern.

Sobald das Anleihespiel vorbei ist, steht der Staat vor der Tatsache einer empfindlichen Vermehrung seiner Staatsschuld. Um die Zinsen für diese Schuld aufzubringen, nimmt er seine Zuflucht meist zu neuen Anleihen. Dadurch wächst die Schuld- und Zinslast immer mehr. Hat der Staat das ihm entgegen gebrachte Vertrauen bis zur Neige ausgenutzt, so muß er durch neue Steuern nicht etwa die Schuld, sondern nur die Zinsenlast decken. Dann ist er unrettbar verloren, dann kann ihn nichts mehr aus der Schuldknechtschaft befreien.

Herabsetzung des Zinsfußes der Staatsanleihen.

In solcher Lage pflegt der Staat den Zinsfuß seiner Anleihen herab zu setzen. Damit ermäßigt er aber nur die Zinslast, nicht die Schuld. Außerdem kann solche Maßregel nur mit Einwilligung der Staatsgläubiger vorgenommen werden. Wer damit nicht einverstanden ist, dem muß der Staat den Nennwert seiner Anleihestücke zurück zahlen. Wollten Alle Einspruch erheben und ihr Geld zurück verlangen, so hätten die Regierungen sich an ihrem eigenen Angelhaken gefangen; sie wären nicht imstande, die geforderten Summen zurück zu zahlen. Da jedoch die meisten Untertanen der nichtjüdischen Staaten in Geldangelegenheiten völlig unbewandert sind, so haben sie stets Kursverluste und Herabsetzungen des Zinses dem Wagnis einer neuen Anlage vorgezogen. Sie gaben dadurch ihren Regierungen die Möglichkeit, den jährlichen Schuldendienst wiederholt um mehrere Millionen zu entlasten, büßten freilich selbst erhebliche Teile ihres Vermögens und ihrer Einnahmen ein.

Bei der heutigen Höhe der Staatsschulden, die vorwiegend durch äußere Anleihen entstanden sind, können die nichtjüdischen Regierungen solche Schritte nicht mehr wagen: sie wissen ganz genau, daß wir, die Juden, im Falle einer Herabsetzung des Zinses alles Geld zurück verlangen würden.

Zahlungsunfähigkeit der Staaten.

Es bleibt also tatsächlich nur noch der eine Weg, die Zahlungs-Unfähigkeit der Staaten offen zu erklären. Das würde in allen Ländern den besten Beweis dafür liefern, daß zwischen den Regierungen und ihren Völkern eine tiefe Kluft besteht, die sich durch nichts mehr überbrücken läßt. Ich bitte Sie, meine Herren, diesem Umstand ihre erhöhte Aufmerksamkeit zu widmen.

Zusammenlegung der inneren Anleihen. Ewige Renten.

Um ihre Zahlungs-Unfähigkeit zu verbergen, haben die nichtjüdischen Staaten einen Ausweg gefunden: sie haben ihre verschiedenen inneren Anleihen zu einer einzigen, einheitlichen Anleihe zusammen gelegt (konsolidiert) und die Verpflichtung zur Rückzahlung des Nennwertes der Schuld dadurch aufgehoben, daß sie dem Gläubiger nur ein Recht auf eine fortlaufende gleichbleibende Verzinsung, die Rente, gewährten. Mit diesen ewigen Renten wollen sie alle Fehler ihrer Geldwirtschaft und die Ebbe in ihren Staatskassen decken. Die Entstehung der Renten ist sehr lehrreich: ursprünglich dachte man bei der Zusammenlegung der inneren Anleihen nicht daran, ihre Tilgung aufzuheben. Im Gegenteile: der Staat sicherte den Zinsen- und Tilgungsdienst der sogenannten Konsols dadurch, daß er für diese Zwecke bestimmte Staatseinkünfte zur Verfügung stellte und selbst auf die Bestände der Staats-Sparkassen zurück griff. Als jedoch alle diese Summen für die Zinszahlung der äußeren Anleihen verwandt werden mußten, blieb dem Staate nichts anderes übrig wie die Abfindung der Gläubiger mit Renten-Ansprüchen. Auch die Einleger der Staats-Sparkassen mußten sich damit begnügen, sobald ihr Guthaben einen bestimmten Betrag überschritt.

Beseitigung der Wertpapier-Börsen.

Sobald wir die Weltherrschaft angetreten haben, werden derartige Machenschaften auf dem Gebiete der Geldwirtschaft restlos verschwinden. Wir werden auch die Wertpapier-Börsen beseitigen, da wir nicht zulassen können, daß die Achtung vor unserer Macht durch ein ständiges Schwanken unserer eigenen Staatspapiere erschüttert wird. Wir werden ihnen einen gesetzlichen Zwangskurs, nämlich den Nennwert, verleihen und jede Ermäßigung oder Erhöhung derselben bestrafen. Auch die Erhöhung kann nicht geduldet werden, da sie Anlaß zur späteren Herabsetzung gibt. Die Wertpapiere der nichtjüdischen Staaten wurden von uns zunächst auch über dem Nennwerte gehandelt, dann aber allmählich weit unter denselben herab gedrückt.

Wertschätzung der Industriepapiere.

Wir werden die Wertpapier-Börsen durch mächtige staatliche Kredit-Anstalten ersetzen, deren Aufgabe darin bestehen wird, die Industriepapiere entsprechend den Wünschen des Staates abzuschätzen und zu beleihen. Diese Anstalten werden in der Lage sein, an einem einzigen Tage fünfhundert Millionen Industriepapiere auf den Markt zu werfen oder eben so viele aufzukaufen. Auf diese Weise werden alle gewerblichen Unternehmungen von uns abhängig werden. Sie können sich vorstellen, meine Herren, welche ungeheure Macht unser Staat dadurch im Wirtschaftsleben gewinnen wird.

Zweiundzwanzigste Sitzung

Das Geheimnis der Zukunft.

Meine bisherigen Darlegungen verfolgten ausschließlich den Zweck, Ihnen das Geheimnis dessen, was geschieht und was geschehen ist, zu enthüllen, Ihnen zu zeigen, wie Alles gewaltigen nahe bevorstehenden Ereignissen zuströmt. Sie sollten erkennen, welchen geheimen Gesetzen unsere Beziehungen zu den Nichtjuden und unsere Maßnahmen auf dem Gebiete der Geldwirtschaft unterworfen sind. Hierzu habe ich noch einiges hinzu zu fügen.

In unseren Händen befindet sich die größte Kraft der Gegenwart — das Gold. In zwei Tagen können wir es aus unseren geheimen Aufbewahrungsorten in beliebiger Menge heran schaffen.

Das jahrhundertelange Übel als Grundlage künftiger Wohlfahrt.

Brauche ich wirklich noch zu beweisen, daß unsere Herrschaft von Gott vorgesehen ist? Sollten wir tatsächlich nicht imstande sein, mit Hilfe unseres Reichtumes den Nachweis zu führen, daß alles Übel, das wir im Laufe vieler Jahrhunderte vollbringen mußten, schließlich doch zur wahren Wohlfahrt und allseitigen Ordnung geführt hat? — Wir werden diese Ordnung durchführen, wenn es dabei auch nicht ganz ohne Gewalttätigkeiten abgehen wird.

Wir werden zu beweisen wissen, daß wir die Wohltäter der Menschheit sind, die der zerrissenen Erde die wahre Wohlfahrt und die Freiheit der Persönlichkeit wieder gegeben haben. Ein Jeder, der unsere Gesetze achtet, wird sich der Segnungen des Friedens und der Ordnung erfreuen können. Gleichzeitig werden wir Alle darüber aufklären, daß die Freiheit nicht in der schrankenlosen Willkür des Einzelnen besteht, daß des Menschen Kraft und Würde niemals in der Verkündigung umstürzlerischer Grundsätze, wie z. B. der Gewissensfreiheit, der allgemeinen Gleichheit, gesucht werden kann, daß die Freiheit der Persönlichkeit Niemanden dazu berechtigt, sich und Andere durch wilde Reden vor zusammen gelaufenen Menschen in Aufruhr zu versetzen. Die wahre Freiheit besteht in der Unantastbarkeit der Person, aber nur unter der Voraussetzung, daß sie ehrlich und redlich alle Regeln des menschlichen Gemeinschaftslebens einhält. Die wahre Würde des Menschen ruht nicht so sehr in der Erkenntnis seiner Rechte, als vielmehr in der Erfüllung seiner Pflichten. Die schlimmste Sorte von Menschen sind diejenigen, die bei Allem und Jedem immer nur ihr liebes Ich in den Vordergrund schieben.

Die Ehrfurcht des Volkes vor der Macht.

Unsere festgefügte Macht wird die Zügel der Regierung straff in der Hand halten und nicht hinter den Parteiführern und Rednern herlaufen, die mit großem Wortschwall unerfüllbare Träumereien verkünden. Sie wird völlige Ruhe und Ordnung verbürgen, worin überhaupt das ganze Glück der Menschen besteht. Vor dem Strahlenkranz unserer Macht wird das Volk auf die Knie sinken und in scheuer Ehrfurcht zu ihr aufblicken. Eine wahre Macht begibt sich keines einzigen Rechtes, nicht einmal des göttlichen; Niemand wird es wagen, ihr zu nahe zu treten und ihr auch nur um Haaresbreite die Machtfülle zu kürzen.

Dreiundzwanzigste Sitzung

Einschränkung der Erzeugung von Prunkgegenständen.

Damit die Völker sich daran gewöhnen, uns zu gehorchen, müssen wir sie zur Bescheidenheit erziehen. Wir werden daher die gewerbliche Erzeugung von Prunkgegenständen möglichst einschränken. Damit dürften sich auch die Sitten verbessern, die gegenwärtig unter der Prunksucht und dem Streben, einander durch einen möglichst großen Aufwand zu überbieten, stark gelitten haben.

Wiederherstellung der Hausindustrie.

Wir werden die Hausindustrie wieder herstellen und dadurch das Vermögen der Fabrikanten untergraben. Das ist schon deshalb notwendig, weil die Großindustriellen durch die rücksichtslose Vertretung ihrer Vorteile vielfach die Unzufriedenheit der Massen hervor rufen und sie, wenn auch unbewußt, gegen die bestehende Gesellschaftsordnung und die Regierung, die solche Zustände duldet, einnehmen.

Arbeitslosigkeit.

Der Heimarbeiter kennt keine Arbeitslosigkeit. Er ist darum mit der bestehenden Gesellschaftsordnung verwachsen und wünscht die Regierung nicht zu schwächen. Bei der jetzt vorherrschenden Großindustrie schwebt die Regierung in der ständigen Gefahr einer überhand nehmenden Arbeitslosigkeit und der daraus entstehenden Unruhen. Sobald die Macht in unsere Hände übergegangen sein wird, wird auch die Arbeitslosigkeit verschwinden.

Verbot der Trunksucht.

Die Trunksucht wird unter unserer Herrschaft gesetzlich verboten sein und streng bestraft werden. Sie ist ein Verbrechen gegen die Würde des Menschen, der sich unter dem Einflusse berauschender Getränke in ein wildes Tier verwandelt.

Ich wiederhole: die Masse gehorcht nur einer starken, von ihr völlig unabhängigen Macht, zu der sie mit blindem Vertrauen empor sehen kann, und von der sie Schutz und Schirm gegen die Laster und Schäden des gesellschaftlichen Lebens empfängt. — Was nützt ihr die engelsgute Seele des Herrschers? Sie muß in ihm die Verkörperung eines festen Willens und einer unbeugsamen Macht erblicken.

Beseitigung der alten Gesellschaft und ihre Auferstehung in neuer Form.

Die nichtjüdischen Regierungen können sich nur mühsam am Ruder erhalten. Sie sind von einer Gesellschaft umgeben, die wir so weit entsittlicht haben, daß sie jeden Glauben an Gott verloren hat, und aus ihrer Mitte ständig die Flamme des Aufruhrs emporsteigen läßt. Der Weltherrscher, der die jetzt bestehenden Regierungen ablösen wird, muß zunächst dieses gewaltig um sich greifende Feuer löschen. Er hat darum die Pflicht, solche Gesellschaften zu beseitigen, selbst wenn er sie in ihrem eigenen Blute ersticken müßte. Aus den Trümmern soll eine neue Gesellschaft voll Manneszucht und Kampfesmut entstehen, die sich aus eigener Überzeugung gegen jede dem Staatskörper drohende Ansteckungsgefahr zur Wehr setzt.

Der Auserwählte Gottes.

Der von Gott auserwählte Weltherrscher hat die Aufgabe, die sinnlosen Kräfte des Umsturzes zu brechen, die von tierischen Naturtrieben und nicht von menschlichem Verstande geleitet werden. Diese Kräfte feiern jetzt ihre Siege, indem sie unter dem Scheine des Rechtes und der Freiheit allerhand Raub und Gewalttat vollführen. Sie haben jede Gesellschaftsordnung zerstört, um auf ihren Trümmern den Thron des Königs der Juden zu errichten. Ihre Aufgabe ist aber gelöst, sobald der König der Juden die Herrschaft antritt. Dann müssen sie von seinem Wege hinweg gefegt werden, damit dieser nicht das geringste Hindernis mehr bietet.

Dann werden wir den Völkern sagen können: Lobet alle Gott und beuget Eure Kniee vor dem Auserwählten Gottes, von dessen hehrem Antlitze die Vorausbestimmung der Geschicke der Menschheit erstrahlt. Gott selbst hat ihm diese Aufgabe gestellt, damit Niemand, außer ihm, uns von den genannten Geißeln der Menschheit erlösen könne.

Vierundzwanzigste Sitzung

Die Sicherung der Herrschaft des Königs aus dem Hause David.

Die heutige Sitzung soll Ihnen, meine Herren, eine Vorstellung davon geben, mit welchen Mitteln wir die Herrschaft des Königs aus dem Hause David über die ganze Welt für alle Zeiten fest verankern wollen.

In erster Linie werden wir uns des selben Mittels bedienen, das schon unseren Weisen von Zion die Leitung der Weltgeschicke verbürgt hat, nämlich der planmäßigen Erziehung der Menschheit in der von uns gewünschten Richtung.

Die Vorbereitung des Königs.

Einige Glieder des Hauses David werden die Könige und ihre Nachfolger auf ihr Amt vorbereiten. Sie werden die Auswahl nicht auf der Grundlage des Erbrechtes, sondern nach den besonderen Fähigkeiten des Einzelnen treffen. Die Auserwählten sollen in alle Geheimnisse der Staatskunst und der Verwaltung eingeweiht werden. Grundbedingung ist, daß Niemand, außer ihnen, etwas von diesen Geheimnissen erfährt. Unter dieser Voraussetzung wird sich die Überzeugung Bahn brechen, daß die Regierung nur Denjenigen anvertraut werden kann, die in die Staatskunst eingeweiht sind.

Die Auserwählten sollen unsere Grundsätze verwirklichen. Jahrhunderte lange Beobachtungen und Erfahrungen, die wir auf staatsrechtlichem und volkswirtschaftlichem Gebiete gesammelt haben, werden ihnen dabei zur Verfügung stehen. Sie werden sich mit dem Geiste der Gesetze erfüllen, welche die Natur selbst für die Beziehungen der Menschen zu einander festgesetzt hat.

Die Aufhebung der natürlichen Erbfolge.

Die unmittelbaren Abkömmlinge des Königs werden häufig von der Thronfolge ausgeschlossen werden, wenn sie während der Lehrzeit Leichtsinn, Weichlichkeit und sonstige Eigenschaften zeigen, die nicht nur die persönliche Unfähigkeit zur Regierung erweisen, sondern das Ansehen der Macht schwer schädigen müssen.

Unsere Weisen werden die Zügel der Regierung nur Denjenigen anvertrauen, die unbedingt befähigt sind, eine tatkräftige und feste Regierung zu verkörpern, selbst auf die Gefahr hin, daß diese in Grausamkeiten ausartet.

Sobald der König an Willensschwäche erkrankt oder sonstige Anzeichen von Unfähigkeit an den Tag legt, wird er gesetzlich verpflichtet sein, die Zügel der Regierung in andere, tatkräftige Hände zu legen.

Die laufenden Pläne des Königs und besonders seine Absichten für die Zukunft werden selbst seinen nächsten Ratgebern unbekannt sein.

Der König und die drei Weisen.

Die Zukunft wird nur dem König und den drei Weisen bekannt sein, die ihn in alle Geheimnisse eingeweiht haben.

Der König als Verkörperung des Schicksals.

Im Könige, der mit unerschütterlicher Willenskraft sich selbst und die Menschheit leitet, werden alle die Verkörperung des Schicksals mit seinen unbekannten Pfaden sehen. Niemand wird wissen, welche Ziele der König mit seinen Erlassen befolgt. Darum wird auch Niemand wagen, Widerspruch zu erheben und sich hindernd in einen Weg zu stellen, den er selbst nicht kennt.

Selbstverständlich muß die geistige Höhe der Könige den großen Zielen entsprechen, zu deren Verwirklichung sie berufen sind. Darum wird kein König den Thron besteigen, bevor unsere Weisen seine geistigen Fähigkeiten erprobt haben.

Damit das Volk seinen König kennt und liebt, muß dieser sich dem Volke häufig zeigen und auf den öffentlichen Plätzen zu ihm reden. Nur so können die beiden Kräfte des sehenden Königs und des blinden, aber doch starken Volkes zusammen wachsen, die wir jetzt durch die Schreckensherrschaft[40], den Terror, von einander getrennt haben.

---

40 »Schreckensherrschaft« scheint ein Zusatz ZUR BEEKS zu sein, um eine Beziehung zur Französischen Revolution herzustellen. Der Ausdruck fehlt in ENGLISCH; bei

Bisher brauchten wir diesen Terror, um die getrennten Kräfte des Volkes und des Königs jede für sich allein unter unsere Herrschaft zu bringen.

Die sittliche Höhe des Königs der Juden.

Der König der Juden darf sich nicht von seinen Leidenschaften treiben lassen. Ganz besonders muß er die Sinnlichkeit bekämpfen. Niemals dürfen die tierischen Triebkräfte die Herrschaft über seinen Verstand und sein Gemüt gewinnen. Die Sinnlichkeit ist der schlimmste Feind aller geistigen Fähigkeiten, sie trübt den klarsten Blick und erniedrigt den größten Geisteshelden zum reinen Tiere, das keinen anderen Zweck des Daseins kennt, als die Befriedigung der rohesten natürlichen Triebkräfte.

Der Weltherrscher vom heiligen Samen Davids muß alle persönlichen Freuden dem Wohle seines Volkes und der Menschheit zum Opfer bringen.

Unser Weltherrscher darf sich in sittlicher Hinsicht keinerlei Blößen geben; er muß ein leuchtendes Beispiel für Alle sein.

FRITSCH heißt die Stelle: »Das sichert die notwendige Bindung der zwei Kräfte, die wir jetzt durch den Terror voneinander trennen« (S. 66).

Nachwort

Es ist in unserem Jahrhundert so ununterbrochen und verzweifelt über den Antisemitismus nachgedacht und gerätselt worden, daß es anmaßend wäre, hier definitive Lösungen anbieten zu wollen. Es lassen sich aber Merkmale identifizieren, die bei der Beschäftigung mit dem Phänomen der *Protokolle* ins Auge fallen und die verdienen, im Bewußtsein derer, die gegen dessen Wiedererstehen wachsam bleiben wollen, aufbewahrt zu werden.

Möglicherweise bleibt die wichtigste Einsicht, daß ein Text wie die *Protokolle* in Krisenzeiten wirksamer wird. Wie wir gesehen haben, blieben sie eine Kuriosität, bis der Schock der bolschewistischen Revolution und des Zusammenbruchs der Monarchien viele Menschen derart verunsichert hat, daß sie für vereinfachende Erklärungen zugänglich wurden. Auch in Deutschland verminderte sich die Resonanz der *Protokolle* um 1924, als sich die politische und wirtschaftliche Situation etwas stabilisierte; erst mit der Wirtschaftskrise in Begleitung des Aufstiegs der nationalsozialistischen Bewegung spielten sie wieder eine größere Rolle im öffentlichen Diskurs. Es ist demnach eine Pflicht der Politik, die Gesellschaft insgesamt gegen Verzweiflung und Katastrophenstimmungen zu schützen, nicht nur zur Sicherung der allgemeinen Wohlfahrt, sondern auch um die, wie wir heute wissen, durchaus vorhandene Gefahr eines völligen Zusammenbruchs der Zivilisation wie im Falle des Holocausts abzuwehren.

Zweitens läßt sich erkennen, daß die *Protokolle* immer wieder eingesetzt worden sind, um Herrschaft zu festigen, indem sie von veränderungsbedürftigen politischen und gesellschaftlichen Wirklichkeiten ablenken. Das Phänomen quoll aus monarchistischen, reaktionären, gegenrevolutionären Kreisen. Der Einsatz in Frankreich, England und den Vereinigten Staaten trägt deutliche klassenkämpferische Züge, und zwar von oben. Selbst wo Randgruppen und revolutionäre Bewegungen sich der *Protokolle* bedienen, besteht der Zweck, die Führung zu rechtfertigen und die Gefolgschaft zu blenden und fanatisieren. Daß dies der eigentliche Zweck ist, für den die Judenfeindschaft nur instrumental ausgenutzt wird, zeigt sich im oft anzutreffenden Zynismus der Täter, die sich Fragen der Echtheit, der Plausibilität oder der schlichten Wahrheit mit souveräner Geste als unwichtig entledigen. Wo immer ein derartiges Phänomen auftaucht, sollte man unverzüglich der Frage *cui bono?* nachgehen.

Drittens müßte es dem aufmerksamen Leser der *Protokolle* ins Auge fallen, in welchem Grad der faschistische Geist der Erfinder in ungereimter Weise auf die Juden übertragen wird, eine Mentalität, die auf das pseudomachiavellistische Denken in Jolys Totengespräch zurückgeht. Aspekte davon sind das Recht des Stärkeren, eine Art Führerprinzip, der angeblich aus der Natur hergeleitete Sozialdarwinismus, die Herrschaft über die Presse und die Justiz, die

Aufhebung der Lehrfreiheit, die Gleichschaltung der Verwaltung, die Nützlichkeit der Propaganda, die allen Widerstand unterdrückende Gewaltherrschaft, das überhebliche Rassenvorurteil, überhaupt der Entwurf eines antidemokratischen, totalitären Systems. Das ist bereits in der NS-Zeit aufgefallen, wo es schon 1937 möglich wurde, die Ansichten und Absichten, die in den *Protokollen* dem Judentum zugeschrieben werden, mit den Praktiken und Ausdrucksweisen des Hitlerismus bis ins letzte Detail zu parallelisieren.[1] Was wir vor uns haben ist ein Selbstporträt der Fälscher – sie können sich die Welt nicht anders vorstellen.

In der Umgebung des Phänomens führt viertens die Prämisse, daß die Welt von einer geheimen, unsichtbaren Verschwörung bedroht, wenn nicht gar gelenkt wird, zu einer Art magischen Denkens, das angestrengt nach verräterischen Zeichen späht – Symbolen, Allegorien, Metonymien –, die dann willkürlich zusammengesetzt und verbunden werden, ohne Rücksicht auf Kontext, Ursprung oder eigentlichen Sitz im Leben. So war Nilus von Dreiecken besessen, die nicht nur als Bestandteile des jüdischen Davidsterns oder der freimaurerischen Symbolik, sondern sogar als Markenzeichen der russischen Eisenbahn die Nähe des lauernden Antichrists spüren ließen. So entdeckte zur Beek, daß ein Fries mit 66 Maskenköpfen, der an der Vorderseite des Hauses von Rathenaus Vater läuft, eigentlich von den Juden bedrohte »abgeschnittene, gekrönte Häupter« darstelle: »Wie oft mag unser argloser Kaiser die Schwelle dieses Hauses überschritten haben, ohne zu ahnen, welche frommen Wünsche der Mann, den er Freund nannte, für die Zukunft des Hohenzollern-Hauses hegte« (ZUR BEEK, S. 199). Wie ein solches von der Wirklichkeit abgehobenes Denken zu einer manischen Sucht nach Geheimnissen und der Verdinglichung von Metaphern und Analogien, die letztendlich die *Protokolle* mit einbeziehen, führen könnte, wird probeweise von Umberto Eco in seinem Roman *Das Foucaultsche Pendel* dargestellt.[2]

Fünftens soll es nicht von der geschichtlichen Verantwortung der Deutschen als Organisatoren und unerbittliche Antreiber der Judenvernichtung ablenken, wenn die internationale Dimension des Phänomens zur Kenntnis genommen wird. Meine gedrängte Übersicht kann das Ausmaß des in vielen

---

[1] IWAN HEILBUT: Die öffentlichen Verleumder. Die »Protokolle der Weisen von Zion« und ihre Anwendung in der heutigen Weltpolitik. Zürich 1937.
[2] Vgl. dazu den Aufsatz von ECO: Eine Fiktion, die zum Albtraum wird. Die Protokolle der Weisen von Zion und ihre Entstehung. In: Frankfurter Allgemeine Zeitung, Nr. 151. 2. Juli 1994. Beilage Bilder und Zeiten. Allerdings besteht die Gefahr, daß die »brillante literarische Parodie des Verschwörungs- und Zeichenwahns« des »Semiotiker[s] und Aufklärer[s] Umberto Eco« von einigen Lesern als »Offenbarung und Bestätigung ihrer eigenen Obsessionen« rezipiert wird: HAGEMEISTER: Die »Protokolle der Weisen von Zion«, a. a. O., S. 206.

Sprachen und vielen Ländern der Welt verbreiteten Materials nur ahnen lassen. Das bedeutet, daß das Phänomen in seiner Lebensfähigkeit und potentieller Überzeugungskraft ernst genommen werden muß. Immer wieder durch die Jahrzehnte hindurch begegnet man dem Staunen verschiedener Beobachter, daß eine derart alberne Klitterung von kindischem Unsinn überhaupt als etwas Seriöses oder Einflußreiches betrachtet werden könne. Aber die *Protokolle* sind weder mit überlegenen Gesten noch mit moralischer Entrüstung aus der Welt zu schaffen. Ihre Widerstandsfähigkeit gegen an sich vernichtende philologische und historische Argumente bedeutet etwas, das nachdenklich stimmen müßte. Ich meine jedenfalls, daß die Anfälligkeit für die *Protokolle* nicht auf philosophischer oder anthropologischer, sondern auf rein pragmatischer bzw. gesellschaftspsychologischer Ebene als menschliche Konstante konstatiert werden müßte. Eine solche Annahme erfordert eine ständige Wachsamkeit, eine Sensibilität für die allerersten Anzeichen, daß das Phänomen sich wieder belebt, sowie die stetige Bereitschaft zu intervenieren.

Schließlich ist darauf zu achten, daß die *Protokolle* einen Typus darstellen, der sich in verschiedenen Formen manifestieren kann, mit oder ohne Bezug auf die *Protokolle* selber. In Japan, wo man sämtliche Juden in einem Zimmer mittlerer Größe versammeln könnte, gibt es neuerdings eine ganze Gattung antijüdischer Schriften, die oft Motive aus den *Protokollen* umarbeiten.[3] In Schriften der sich christlich nennenden rechtsradikalen Bewegung in den Vereinigten Staaten tauchen Motive auf, die in der Umgebung der *Protokolle* in Umlauf gekommen sind, wie das typisch absurde, längst als Erfindung erkannte Märchen russischen Ursprungs, die bolschewistische Revolution sei von reichen amerikanischen Juden finanziert worden (vgl. z. B. ROSENBERG, S. 22, 43, 50). Aber zu derartigen Denkmustern ist Rechtsradikalität nicht absolut notwendig. Die Sekte der ›Black Muslims‹ besitzt angeblich ein Dokument, das beweise, daß die Juden für den Sklavenhandel verantwortlich gewesen seien. Dieses Dokument dürfe aber nicht eingesehen werden; es bleibe in einem Panzerschrank in Philadelphia weggeschlossen, sonst würden die Juden es verschwinden lassen. Hier trifft man wieder auf bekannte Motive: ein Dokument geheimnisvollen Ursprungs, von dem kein Original vorgelegt werden könne; überraschende geschichtliche Tatsachen, auf die kein Mensch sonst kommen würde; die heimliche, fast übermenschliche Macht der Juden, die mit verzweifelten Maßnahmen abgewehrt werden müsse. Logischerweise werden auch die *Protokolle* von der ›Nation of Islam‹ verbreitet.

Zur Abwehr solcher Verirrungen des menschlichen Geistes müssen Gegenmaßnahmen gefunden werden. Voraussetzung bleibt die Kenntnis des Phäno-

---

3 S. DAVID G. GOODMAN und MASANORI MIYAZAWA: Jews in the Japanese Mind. The History and Uses of a Cultural Stereotype. New York 1994.

mens, damit es in seinen unzähligen Variationen wiedererkannt werden kann. Dazu soll die hier unternommene Beleuchtung der *Protokolle* dienen. Darüber hinaus ist eine verstärkte Wachsamkeit notwendig. Das Phänomen scheint zeitweilig einzuschlafen, überwintert aber nur, um in Krisenzeiten zu erneuter Wirksamkeit zu gelangen. Schließlich müssen einschlägige, unerschütterlich fundierte Argumente geduldig und zäh hervorgebracht werden. Man darf sich das nicht allzu leicht vorstellen; es ist sehr hartes Holz, das da gebohrt werden muß. Aber letzten Endes gibt es in diesem Kampf keine andere Waffe auf der Seite der Menschheit und der Menschlichkeit als die Vernunft.

Auszug aus dem Roman »Biarritz«
von ›Sir John Retcliffe‹

Die Zwölf des Kreises murmelten eine Verwünschung; der Doktor fühlte, wie die Hand des Italieners sich krampfhaft und fest um seinen Arm preßte.

»Schweige und höre!«

»Brüder,« sagte die Stimme des Leviten, »es ist Zeit, daß wir nach der Satzung unseres Stifters, ein Jeder nach den Erfahrungen der hundert Jahre, die Wege sagen, auf welche Israel zu leiten ist, damit es zu seinem Ziel komme. Wir, die Wissenden, sind die Führer, welche die Menge, die blind ist, leiten. Wir sind die Baumeister, welche die todten Steine des Turmes zusammensetzen, daß er aufrage in den Himmel.«

»Der Thurm von Babylon ward zerschmettert von der Hand Dessen, den ich nicht nennen darf,« sagte der Stammlose.

»Unser Bau steht auf dem Grund der Verheißung, die Abraham ward. Beginne denn Dein Wort, Stamm Ruben! Wie gewinnt Israel die Macht und die Herrschaft über alle Völker der Erde, die ihm gebührt?«

Eine helle, scharfe Stimme, die etwas Schneidendes hatte, sprach Folgendes:

»Alle Fürsten und Länder Europa's sind heute verschuldet. Die Börse regelt diese Schulden. Solche Geschäfte macht man aber nur mit mobilem Kapital, deshalb muß alles mobile Kapital, in den Händen Israels sein. Ein guter Anfang dazu ist, wie wir eben gehört, schon gemacht. Indem wir die Börse beherrschen, beherrschen wir das Vermögen der Staaten. Deshalb muß man den Regierungen das Schuldenmachen erleichtern, um immer mehr die Staaten in unsere Hand zu bekommen. Womöglich muß das Kapital sich dafür Institute des Staates: Eisenbahnen, Einkünfte, Bergwerke, Gerechtsame, Domainen verpfänden lassen. — Weiter ist die Börse das Mittel, das Vermögen und die Ersparnisse der kleinen Leute in die Hände der Kapitalisten zu bringen, indem man jene zum Börsenspiel verleitet. Die Zeitkäufe in Papieren sind eine glückliche Erfindung unseres Volkes, und wenn auch die Börsenleute sich betrügen unter einander, wird doch zuletzt immer zahlen die Zeche der Unzünftige.«

Die Stimme — die man gewiß oft an der großen Börse von Paris hörte — schwieg. »Sind die Sekenim mit der Meinung unseres Bruders einverstanden?« frug der Levit.

Ein beifälliges Gemurmel war die Antwort.

»Der Stamm *Simeon* hat das Wort!«

Eine ernste, tiefe Stimme, deren Klang und Worte von tiefem Nachdenken zeugten, drang zu den Ohren der Lauscher.

»Der Grundbesitz wird immer das eiserne und unverwüstliche Vermögen jedes Landes bleiben. Er verleiht an und für sich Macht, Ansehen und Einfluß. Der Grundbesitz muß also in die Hand Israels übergehen. Das ist leicht, wenn wir das mobile Kapital beherrschen. Das erste Streben Israels muß daher sein, die jetzigen Eigenthümer aus dem Grundbesitz zu verdrängen. Vor Allem uns gefährlich ist der große Grundbesitz. Man muß daher das Schuldenmachen des jungen Adels in den großen Städten erleichtern. Durch die

Furcht vor Skandal ruiniren wir die aristokratischen Vermögen und schwächen die Bedeutung der Aristokratie. Der Grundbesitz muß mobilisirt werden, indem man ihn zur coulanten Waare macht. Je mehr wir auf die möglichste Theilung des Grundbesitzes wirken, desto leichter und billiger bekommen wir ihn in die Hände. Zu dem Zweck muß auf längere Zeit das Kapital den Hypotheken entzogen und deren Unsicherheit verbreitet werden. Unter dem Vorgeben, die ärmeren Klassen und die Arbeit erleichtern zu wollen, müssen in Staat und Kommunen die Steuern und Lasten allein auf den Grundbesitz gelegt werden. Ist der Grund und Boden in unseren Händen, so muß die Mühe der christlichen Pächter und Arbeiter ihn zehnfachen Zins für uns bringen lassen.«

Der Stammlose lachte spöttisch. »Der Rat ist gut, aber nicht neu. Fragt in Paris und Wien nach, wer bereits die Eigenthümer der Häuser sind! Das Damno, meine Erfindung, ist ein vortreffliches Mittel, die Besitzer zu ruiniren!«

Wiederum folgte das beifällige Gemurmel der Versammlung.

»Stamm *Juda*, die Reihe ist an Dir!«

Die Stimme, die sich erhob, hatte einen überredenden angreifenden Ton, der nach Ellen und Thalern klang.

»Der Handwerkerstand, jene Israel im Wege stehende Kraft des Bürgerthums, wie der Grundbesitz die Kraft des Adels ist, muß ruinirt werden. Der Handwerker darf nichts Anderes als Arbeiter sein. Das beste Mittel dazu ist die unbedingte Gewerbefreiheit. Der Fabrikant trete an die Stelle des Meisters. Da er nicht selbst zu arbeiten, sondern nur zu spekuliren braucht, können sich die Kinder Israels in dieser Weise allen Zweigen der Arbeit zuwenden. Ihr Kapital und ihre Gewandtheit ersetzen die Befähigung. Mit der Verwandlung der Handwerker in unsere Fabrikarbeiter beherrschen wir zugleich die Massen zu politischen Zwecken. Wer diesem System widersteht, muß durch die Conkurrenz vernichtet werden! Das Publikum ist eine gedankenlose und undankbare Masse, es wird den Handwerker in diesem Kampf im Stich lassen, wenn es beim Fabrikanten die Waare etwas billiger bekommen kann.«

Eine rasche Beistimmung des neuen Sanhedrin bewies, daß die Wahrheiten dieses Rathes längst begriffen und befolgt waren.

»Die Reihe ist an mir,« sagte der Levit. »Ich rede im Namen des Stammes Aaron.«

»Der natürliche Gegner Israels ist die christliche Kirche. Deshalb gilt es, sie zu untergraben. Ihre Spaltungen erleichtern dies. Wir müssen in ihr die Freigeisterei befördern, den Zweifel, den Unglauben, den Streit. Deshalb steten Krieg in der Presse gegen das christliche Priesterthum und Verdächtigung und Verspottung desselben. Ein Hauptpfeiler der Kirche ist die Schule. Auf die Erziehung der christlichen Jugend müssen wir also Einfluß gewinnen. Deshalb zunächst Trennung der Schule von der Kirche. Unter der Firma des Fortschritts und der Gleichberechtigung aller Religionen: Verwandlung der christlichen Schulen in confessionslose. Dann können Israeliten Lehrer an allen Schulen werden, die christliche Erziehung wird auf das Haus beschränkt, und da die Masse keine Zeit dazu hat, die Religiosität der höheren Stände erschüttert ist, wird sie bald ganz aufhören. Agitation für die Aufhebung des eigenen Besitzes der Kirchen und Schulen, Übergang des Kirchen- und Schulvermögens in den Besitz des Staates, also früher oder später in die Hand Israels!«

Das zustimmende Gemurmel begleitete die Worte des Redners, keine Stimme erhob sich dagegen. Dann fuhr dieser fort:

»Der Seken des Stammes *Isaschar* hat das Wort.«

Es war die zitternde Stimme eines Greises, die also sprach:

»Mögen die Brüder wirken für Aufhebung der bewaffneten Macht. Der rauhe Waffendienst ist nicht für die Kinder Israels, nicht Jeder ist ein Gideon! Die Armeen sind die Stütze der Throne und die Schulen eines engherzigen Patriotismus. Nicht das Schwert, sondern der Geist und das Geld müssen regieren. Deshalb bei jeder Gelegenheit Herabsetzung und Verdächtigung des Militairstandes im Volk, Erregung von Zwiespalt zwischen Beiden. Söldner genügen, um die Polizei zu üben, und die Besitzenden gegen die Nichtbesitzenden zu schützen.«

»Der Löwe Juda's hat seine Stimme erschallen lassen,« sagte der Wandernde höhnisch. »David überwand den Goleath. Die Völker werden künftig leben im Schlafrock, statt im Schirjou[1] des Kriegers! Eine Ohrfeige an der Börse wird sein, wie eine geschlagene Schlacht!«

Ein Sturm gegen den frechen Spott schien sich im Kreise erheben zu wollen, aber ein Wort des Ältesten beruhigte sie.

»Er ist der Sohn Belials! Er mag reden, aber er wird thun, was der Rath der Schebatim beschlossen.

Der Stamm *Sebulon* möge sprechen.«

Eine dumpf wie das Gewitter in der Ferne grollende Stimme sprach Folgendes:

»Unser Volk ist im Grunde ein conservatives, an dem Alten, Festen hängend. Aber unser Vortheil erfordert jetzt den eifrigen Anschluß, das heißt die Leitung der Bewegungen, welche die Welt durchzittern. Es ist unleugbar, daß ein Drang der Reform durch unsere Zeit geht, aber der ursprüngliche Gedanke derselben ist die Reform des Materiellen, das heißt des materiellen Zustandes der bedürfenden Klassen. Zu einer solchen müßten aber die habenden Klassen Opfer bringen, zunächst das Kapital. Das Kapital ist aber in den Händen Israels. Deshalb war es seine Aufgabe, an der Bewegung äußeren Theil zu nehmen, um sie von dem Gebiet der socialen Reformen hinüber zu leiten auf das Feld der politischen. Die Volksmasse als solche ist stets blind und dumm und läßt sich leiten von den Schreiern. Wer aber schreit so laut und so klug wie Israel? Deshalb waren unsere Leute voran auf der Tribüne, voran in den Zeitungen

---

[1] Panzer

und in den Vereinen der Christen! Je mehr Vereine und Versammlungen, desto mehr Unzufriedenheit und Unlust zur Arbeit. Daraus folgt nothwendig die Verarmung des Volkes, also seine Knechtschaft unter Denen, welche haben das Geld, und zugleich das Wachsen unseres Reichthums. Außerdem bringt uns jede Bewegung Geld, denn sie ruinirt den kleinen Mann und mehrt die Schulden. Die Unsicherheit der Throne läßt wachsen unsere Macht und unsern Einfluß. Deshalb Erhaltung fortwährender Unruhe! Jede Revolution zinst unserm Kapital und bringt uns vorwärts zum Ziel!«

Ein längeres Schweigen folgte diesen schrecklichen Sätzen, gleich als dächte jedes Mitglied des geheimnißvollen Sanhedrin über ihre furchtbare Tragweite nach.

Der Sohn Belials ließ nochmals ein heiseres Lachen hören. »Fürchtet Ihr Euch vor Blut? Es ist nicht das Eure!«

Dann begann der Eine seine Zustimmung zu murmeln und die Andern folgten nach.

»Sohn des Stammes *Dan*, die Reihe ist an Dir!«

Die Antwort trug selbst in der Stimme das Gepräge des niedern jüdischen Typus.

»Aller Handel, wobei ist Spekulation und Verdienst, muß sein in unserer Hand. Er ist unser angebornes Recht. Wir müssen vor Allem haben den Handel mit Spiritus, mit Öl, mit der Wolle und mit dem Getraide. Dann haben wir in der Hand den Ackerbau und das Land. Wir können machen überall das tägliche Brod, und wenn entsteht Unzufriedenheit und Noth, läßt sich leicht schieben die Schuld und das Geschrei von uns auf die Regierungen. Der kleine Kram, wobei ist viele Müh und zu verdienen wenig, mag bleiben in den Händen der Christen. Sie mögen sich schinden und quälen, wie das auserwählte Volk sich gequält hat viel hundert Jahre.«

Die Rede bedurfte kaum der Zustimmung. Der Levit rief den Nächsten auf: »Stamm *Naphtali*!«

Die Worte, die folgten, klangen scharf und bewußt.

»Alle Staatsämter müssen uns offen stehen! Ist das Prinzip erst durchgesetzt, wird Schlauheit und Zähigkeit dem jüdischen Bewerber bald diejenigen schaffen, die wirklich von Einfluß sind; denn es handelt sich nur um solche Ämter, die äußerliche Ehre, Macht und Vortheil bringen. Die, welche Arbeit und Kenntnisse fordern, mögen die Christen behalten. Darum verschmäht der Israelit die Subalternstellen. Die Justiz ist für uns von erster Wichtigkeit, die Advocatur ein großer Schritt vorwärts. Sie paßt zu dem Geiste der Schlauheit und Zähigkeit unseres Volkes und gewährt uns Einsicht und Macht über die Verhältnisse unserer natürlichen Gegner. Warum soll nicht ein Jude auch werden können bei der Parität Cultusminister, da die Juden doch schon gewesen sind Finanzminister in mehr als einem Staat?«

»Denkt an den Galgen Hamans! an das Schicksal von Süß und Lippold!« sagte die warnende Stimme.

»Was krächzt der Rabe von den vergangenen Zeiten, so hinter uns liegen und sind überwunden! Ist nicht einer von unserem Volk ein großer Minister in Frankreich und geehrt vom Kaiser selbst?!«

Der Ton befriedigten Stolzes lag in der Zustimmung, die dem Redner wurde, der also fortfuhr:

»Unsere Männer müssen kommen unter die Gesetzgeber des Staates. Die Ausnahme-Gesetze der Gojim für die Kinder Israels müssen abgeschafft werden überall, während wir bewahren die Satzungen unserer Väter. Wir brauchen keine Gesetze mehr zu unserem Schutz, jetzt müssen wir sorgen für Gesetze, die uns gewähren Nutzen! Ein mildes Bankerottgesetz, was soll sein im Interesse der Humanität, ist wie ein Goldbergwerk in unserer Hand. Vor Allem müssen wir sorgen, daß die Wuchergesetze fallen in allen Ländern, mit dem Geschrei, daß dadurch das Geld billiger werden wird. Das Geld ist eine Waare wie jede andere, und das Gesetz selbst muß uns geben das Recht, zu steigern seinen Preis, wie unser Vortheil es heischt.«

»Es spreche der Bote vom Stamme *Benjamin*.«

»Was soll ich sagen noch zu dem Rath so weiser Männer? Israel soll haben auch Ruhm und Ehre, deshalb muß es sich drängen an die Spitze aller Vereine, wo ist Ehre und keine Gefahr, und sich werfen auf jene Zweige der Wissenschaft und Kunst, welche sie dem Charakter unseres Volkes am leichtesten verschaffen. Wir können große Schauspieler und große Philosophen und große Komponisten werden, denn bei allen Dreien findet die Spekulation ihr Feld. In der Kunst werden sorgen unsere Leute für den Beifall und uns Weihrauch streuen. In der Wissenschaft ist es die Medizin und die Philosophie, die wir festhalten wollen. Sie gewähren der Theorie und der Spekulation den meisten Raum. Der Arzt dringt in die Geheimnisse der Familien und hat das Leben in seiner Hand.«

»Stamm *Asser*, die Reihe ist an Dir!«

»Wir müssen verlangen freie Ehe zwischen Juden und Christen. Israel kann dabei nur profitiren, wenn es auch verunreinigt sein Blut. Unsere Söhne und Töchter mögen heirathen in die vornehmen und mächtigen Familien der Christen. Wir geben das Geld und erhalten dafür den Einfluß. Die christliche Verwandtschaft hat keine Einwirkung auf uns, aber wir werden sie üben auf jene. Das ist das Eine. — Das Andere ist, daß wir ehren das jüdische Weib und üben verbotenes Gelüst lieber an den Weibern unserer Feinde. Wir haben das Geld, und für Geld ist feil auch die Tugend. Ein Jude soll nie machen eine Tochter seines Volkes zur Chonte; wenn er will freveln gegen das sechste Gebot, sind der Christenmädchen genug dazu da.«

»Wozu würden denn die hübschen Dirnen der Gojim in den Magazinen beschäftigt?« warf höhnisch der Repräsentant des bösen Prinzips ein. »Die sich nicht fügen will unserer Lust, erhält keine Arbeit, also kein Brod! Wir müssen unsern jungen Männern auch ein Vergnügen gönnen. Geht hin in die großen Städte, und ihr werdet sehen, daß sie wahrlich dazu Eure Weisheit nicht erst abgewartet haben. Der Arbeiter mag mit unseren abgelegten Kleidern zufrieden sein! — Macht aus der Ehe der Christen statt des Sakraments einen *Contrakt,* und ihre Weiber und Töchter werden noch williger sein in unserer Hand!«

Der furchtbare Cynismus dieser Worte, der einen so wunden Fleck berührte, verfehlte seinen Eindruck nicht bei den strengen Ansichten der alten Lehre über die Reinheit der Sitten.

»Wie spricht das Gesetz?« frug eine Stimme unter den Zwölfen.

»Auf dem Ehebruch mit einem Weibe unseres Volkes der Tod; die Schwächung einer Jungfrau kann mit Geldstrafe gesühnt werden, wenn sie nicht ist eine verlobte Braut. Dann der Tod! Die fleischlichen Vergehen mit einer Sklavin beurtheilt das Gesetz milde — ihr Leib gehört ihrem Herrn!«

»Sollen die Gojim besser sein als unsere Sklaven?«

Der Erklärung folgte das Murmeln der Zustimmung.

»Der Stamm Manasse mögen sprechen.«

Der letzte der Redner erhob bedeutsam seine Hand und bewegte sie langsam hin und her, während er sprach, gleichsam als wolle er damit den Eindruck seiner Worte verstärken. Seine Stimme war schnarrend und unangenehm und voll Anmaßung und Dreistigkeit. Aber er sprach sicher und gewandt.

»Wenn das Gold die erste Macht der Welt ist, so ist die *Presse* die zweite. Was sind alle die Meinungen und Rathschläge, die hier gegeben worden, ohne ihren Beistand! Nur wenn wir haben die Presse in unserer Hand, werden wir kommen zum Ziel. Unsere Leute müssen regieren die Tagespresse. Wir sind gewandt und schlau und besitzen Geld, das wir unsern Zwecken dienstbar zu machen verstehn. Wir müssen haben die großen politischen Zeitungen, welche machen die öffentliche Meinung, die Kritik, die Straßenliteratur, die Telegramme und die Bühne. Wir werden daraus verdrängen Schritt um Schritt die Christen, dann können wir diktiren der Welt, was sie glauben, was sie hochhalten und was sie verdammen soll. Wir werden ertönen lassen in hundert Formen den Wehschrei Israels und die Klage über die Unterdrückung, die auf uns laste! Dann — *während jeder einzelne ist gegen uns* — wird die Masse in *ihrer Thorheit sein immer für uns!* Mit der Presse in unserer Hand können wir verkehren Recht in Unrecht, Schmach in Ehre. Wir können erschüttern die Throne und trennen die Familie. Wir können untergraben den Glauben an Alles, was unsere Feinde bisher hoch gehalten. Wir können ruiniren den Credit und erregen die Leidenschaften. Wir können machen Krieg und Frieden, und geben Ruhm oder Schmach. Wir können erheben das Talent oder es niederhetzen und verfolgen und zu Tode schweigen. Wer die Presse hat, hat das Ohr des Volks. Wenn Israel hat das Gold und die Presse, wird es fragen können: an welchem Tage wollen wir aufsetzen die Ataroch[1], die uns gebührt,

---

[1] Die Krone

besteigen den Chisse[2] der Verheißung und schwingen den Schebet[3] der Macht über alle Völker der Erde!«

Ein fast ungestümer Beifall folgte den Worten, und einige Minuten lang konnten tief ergriffenen die Lauscher nur wenig verstehen von dem, was gesprochen ward.

2   Der Thron
3   Das Zepter

Abkürzungsverzeichnis

COHN = Norman Cohn: Die Protokolle der Weisen von Zion. Der Mythos von der jüdischen Weltverschwörung. Köln und Berlin 1969.

ENGLISCH = The Jewish Peril. Protocols of the Learned Elders of Zion. London 1920.

ENZENSBERGER = Maurice Joly: Gespräche zwischen Machiavelli und Montesquieu über Macht und Recht. Herausgegeben von Hans Magnus Enzensberger. [Übersetzung: Hans Leisegang.] Frankfurt am Main 1991.

FRITSCH = Die Zionistischen Protokolle. Das Programm der internationalen Geheimregierung. Aus dem Englischen übersetzt nach dem im Britischen Museum befindlichen Original. Mit einem Vor- und Nachwort von Theodor Fritsch. 12. Auflage. Leipzig 1933 (ursprünglich 1920).

JOLY = Maurice Joly: Dialogue aux Enfers entre Machiavel et Montesquieu aux XIXe siècle, par un contemporain. Brüssel 1865 [1864]; reprographischer Nachdruck Paris 1987.

LEISEGANG = Maurice Joly: Gespräche in der Unterwelt zwischen Machiavelli und Montesquieu oder Der Machiavellismus im XIX. Jahrhundert. [Übersetzt und mit einem Vorwort von Hans Leisegang.] (Neue Philosophische Bibliothek Bd. 1). Hamburg 1948.

ROLLIN = Henri Rollin: L'Apocalypse de notre temps. Les dessous de la propagande allemande d'après des documents inédits. Paris 1991 (ursprünglich 1939).

ROSENBERG = Alfred Rosenberg: Die Protokolle der Weisen von Zion und die jüdische Weltpolitik. 4. Auflage. München 1933 (ursprünglich 1923).

RUSSISCH = Protokoly sobranij sionskich mudrecov. In: S. Nilus: Bliz grjaduščij Antichrist. Moskau 1911.

SEGEL = B[injamin] Segel: Die Protokolle der Weisen von Zion kritisch beleuchtet. Eine Erledigung. Berlin 1924.

ZUR BEEK = Die Geheimnisse der Weisen von Zion, herausgegeben von Gottfried zur Beek. Berlin 1919.

ZUR BEEK^2 = Die Geheimnisse der Weisen von Zion in deutscher Sprache herausgegeben von Gottfried zur Beek. München 1934 (ursprünglich 1929).